CW00649849

Révolution non violente

MARTIN LUTHER KING
AUX ÉDITIONS PAYOT

Black Power
Révolution non violente

Martin Luther King, Jr

Révolution non violente

Traduit de l'anglais (États-Unis)
par Odile Pidoux

PETITE BIBLIO PAYOT

Retrouvez l'ensemble des parutions
des Éditions Payot & Rivages sur

payot-rivages.fr

TITRE ORIGINAL :
Why We Can't Wait

© Martin Luther King, Jr., 1963, 1964
© Éditions Payot, Paris, 1965
pour la traduction française
© Éditions Payot & Rivages, Paris, 2006
pour la présente édition

À mes enfants
Yolanda, Martin III,
Dexter, Bernice,
en espérant qu'un jour prochain
on ne les jugera plus d'après la couleur
de leur peau, mais d'après la valeur
de leur personne.

Nous sommes au début de 1963.

Je vois un jeune Noir assis sur le perron d'un immeuble de Harlem infesté de vermine. L'odeur aigre des immondices emplit le vestibule. Son existence quotidienne se déroule parmi les ivrognes, les chômeurs et les drogués. Il fréquente une école où les élèves sont presque tous des Noirs et quelques-uns des Portoricains. Son père est chômeur, et sa mère est bonne à tout faire dans une famille de Long Island.

Je vois une jeune fille noire assise sur le perron presque en ruine d'une maison de Birmingham, qu'on pourrait qualifier de cabane. Les murs ont sérieusement besoin d'un coup de peinture et le toit menace de s'effondrer. Une demi-douzaine de petits enfants, plus ou moins vêtus, jouent autour de la maison. La jeune fille est obligée de remplacer leur mère ; elle ne peut plus aller à l'école de son quartier, car sa mère vient de mourir dans un accident de voiture. Les voisins prétendent que si l'ambulance n'avait pas tant tardé à venir, on aurait pu la sauver. Le père de la jeune fille est chasseur dans un grand magasin du quartier blanc.

Il sera toujours chasseur, car dans ce magasin un Noir ne peut espérer de promotion ; on accepte de le servir à tous les comptoirs, sauf à celui qui vend des sandwichs et des boissons.

Ce garçon et cette jeune fille, séparés par des milliers de kilomètres, se posent les mêmes questions : pourquoi la misère hante-t-elle constamment les Noirs ? Leurs ancêtres ont-ils gravement offensé la nation au cours d'un lointain passé ? Et est-ce pour cela que la race noire doit subir maintenant le châtiment ? Ont-ils failli dans leur devoir de patriotes, trahi leur pays et renié leur citoyenneté ? Ont-ils refusé de défendre leur pays contre une attaque ennemie ?

Les livres d'école de Harlem et de Birmingham ne racontent pas toute l'histoire. Mais ce garçon et cette fille connaissent une partie de ce qui a été censuré par les auteurs et par les ministères de l'Éducation. Ils savent que les Noirs étaient avec George Washington à Valley Forge. Ils savent que le premier Américain qui donna son sang au cours de la Révolution qui libéra son pays de la domination britannique, fut un marin noir du nom de Crispus Attucks. À l'école du dimanche, le jeune garçon a appris qu'il y avait un Noir nommé Benjamin Banneker parmi ceux qui firent les plans de la capitale, Washington. Jadis, la jeune fille a entendu un orateur raconter à son école comment, pendant deux cents ans, le peuple noir, amené sur cette terre enchaîné dans les cales des négriers, a asséché les marais, construit les maisons, fait la fortune du coton et contribué (sans salaire et à coups de fouet) à faire sortir ce pays de l'obscurité coloniale, pour l'amener à jouer un rôle prépondérant dans le commerce international.

Les Noirs ont fait plus que leur part, partout où le travail était dur, sale et dangereux – dans les mines, les docks et les fonderies.

Les pâles livres d'histoire de Harlem et de Birmingham racontaient comment le pays avait vaincu l'esclavage. Abraham Lincoln avait signé un document qui devait devenir célèbre : la proclamation d'émancipation. La guerre avait été gagnée, mais elle n'avait pas abouti à une paix juste. L'égalité n'existait toujours pas : elle était en retard d'un siècle.

Ce garçon et cette fille ne connaissent pas seulement l'histoire. Ils sont également au courant de l'actualité. Ils savent que les nations africaines se sont libérées des chaînes du colonialisme. Ils savent que l'uniforme de la Marine des États-Unis ne suffirait pas à empêcher un descendant de Crispus Attucks d'être mis à la porte de certains restaurants, très sélects, dans certains quartiers, très sélects, de n'importe quelle ville du Sud. Ils savent que les Noirs de la capitale vivent dans des ghettos et ne peuvent pas toujours occuper l'emploi pour lequel ils sont qualifiés. Ils savent que les ségrégationnistes ont défié la Cour suprême et que les gouverneurs sudistes ont voulu s'interposer entre le peuple et la principale juridiction du pays. Ils savent que leurs avocats ont gagné de grandes victoires devant les tribunaux, mais qu'elles n'ont eu aucun effet dans la réalité.

11

Ils ont vu à la télévision, ils ont entendu à la radio, ils ont lu dans les journaux qu'on fêtait cette année le centenaire de leur liberté.

Mais comme la liberté est triste, comme elle est dérisoire quand, au cours de leur brève existence, ce garçon et cette fille ont pu voir les bus cesser de fonctionner à Montgomery ; les manifestants se faire emprisonner et rouer de coups ; les champions de la liberté se faire brutaliser et injurier ; les chiens policiers de Birmingham montrer les dents ; et quand à Brooklyn certains emplois du bâtiment sont exclusivement réservés aux Blancs.

Nous sommes en été 1963. L'émancipation est-elle un fait ? La liberté est-elle une force ?

Le garçon de Harlem s'est levé. La fille de Birmingham s'est dressée. Tous deux, séparés par des milliers de kilomètres, se sont redressés et ont levé les yeux vers le ciel. Par-delà les distances, ils ont joint leurs mains et se sont mis en marche d'un pas ferme et décidé. Grâce à eux, la nation la plus riche et la plus puissante du monde a été ébranlée.

Voici l'histoire de ce garçon et de cette fille. Voici l'histoire de la libération non violente des Noirs.

Atlanta, Géorgie.
Juin 1964.
Martin LUTHER KING, Jr.

CHAPITRE PREMIER

La Révolution noire

I

L'hiver 1962 fut rigoureux et la froidure et la gelée persistèrent pendant les premiers mois de 1963 avant de céder la place à un paisible printemps. Les Américains prévoyaient un été serein et plaisant où la seule ombre devait être, sans nul doute, le cauchemar créé par soixante millions de voitures apparemment décidées à se rendre, en même temps, dans un même lieu. Cinquante millions de familles se préparaient au plaisir de devenir deux cent millions de vacanciers, selon la tradition américaine qui fait rechercher la détente avec frénésie.

Ce devait être un été agréable car, pour l'Américain moyen, il n'y avait guère de raison de se faire du souci. La Maison-Blanche elle-même reflétait la perspective joyeuse qui s'offrait à la nation. En coulisse, l'administration tenait en réserve une loi sur la réduction des impôts. Les affaires et l'emploi se trouvaient à un niveau confortable.

L'argent, pour la plupart des Américains, coulait à flots.

Avec l'été vint le beau temps. Pourtant, le ciel de la vie sociale américaine allait s'illuminer d'éclairs, se charger de grondements de tonnerre et libérer enfin la pluie lourde et impitoyable de la révolution qui se préparait dans le pays tout entier. Dans une explosion, la troisième révolution américaine – la Révolution noire – était née.

Pour la première fois dans sa longue et turbulente histoire, la nation voyait près d'un millier de ses villes plongées en même temps dans les désordres civils et contenir à grand-peine la violence latente. À l'image de la Révolution française de 1789 ou de celle du mouvement chartiste anglais de 1830, les rues américaines s'étaient transformées en champs de bataille. Comme ce fut le cas pour l'une et l'autre de ces révolutions, on vit un groupe social misérable, poussé par un irrésistible besoin de justice, se dresser soudain d'un seul bloc, prêt à agir avec détermination, au mépris du risque et du danger, et mettre en mouvement un soulèvement si puissant qu'il ébranla les bases confortables d'une gigantesque machine sociale.

On n'avait jamais vu encore, dans l'histoire américaine, un groupe d'individus s'emparer des rues, des jardins, des sacro-saintes artères commerçantes et des immeubles gouvernementaux eux-mêmes, pour y protester publiquement contre l'oppression qui pesait sur eux et la déclarer intolérable.

L'ahurissement de la nation n'aurait pu être plus grand si les énormes machines électroniques avaient soudain décidé de faire éclater leurs corps d'acier pour se transformer en êtres humains et parcourir le pays en y semant la révolte. Certes, jusqu'ici la race noire avait été plutôt un objet de sympathie car on savait de quelles souffrances elle portait encore les traces, mais on avait pris l'habitude de la croire capable d'endurer calmement ses maux, de souffrir en silence et d'attendre patiemment. Le Noir était bien stylé et, aux pires provocations, il ne résistait ni ne répondait.

Tout comme l'éclair, silencieux jusqu'à ce que frappe la foudre, la Révolution noire se propagea sans bruit. Mais quand elle frappa, le bruit de la déflagration révéla sa force et le choc produit par sa sincérité, et sa ferveur dévoila une puissance d'une terrible intensité. Car on ne peut se libérer de trois cents ans d'humiliations, d'abus et de privations par une simple protestation polie. Les nuages amoncelés ne pouvaient se décharger en une fine pluie ; ce fut une trombe qui n'est pas encore épuisée et qui n'a pas encore atteint sa pleine virulence.

Parce que la suite ne saurait tarder ; parce que la société américaine est déconcertée par le spectacle de la révolte des Noirs ; parce que les dimensions de cette révolte sont vastes et ses implications profondes dans un pays qui compte vingt millions de Noirs ; pour toutes ces raisons, il est essentiel de comprendre l'histoire qui se déroule aujourd'hui.

II

Il y a quelques années, je me trouvais dans un grand magasin de Harlem, entouré de quelques centaines de personnes. J'étais en train de dédicacer des exemplaires de mon livre *Stride toward Freedom*, qui relate le boycottage des autobus de Montgomery en 1955-1956. Soudain, tandis que j'apposais ma signature sur une page, je sentis quelque chose de pointu s'enfoncer brutalement dans ma poitrine. Je venais d'être poignardé à l'aide d'un coupe-papier, par une femme qui devait être reconnue folle par la suite. On me transporta d'urgence à l'hôpital de Harlem où je restai de longues heures sur un lit tandis qu'on faisait mille préparatifs pour extraire l'arme de mon corps. Beaucoup plus tard, quand je fus en état de m'entretenir avec le Dr Aubrey Maynard, le chirurgien en chef qui exécuta cette délicate et dangereuse intervention, j'appris les raisons de cette longue attente avant l'opération. La lame de l'instrument avait touché l'aorte et, pour l'extraire, il fallait ouvrir toute la cage thoracique. « Si vous aviez seulement éternué à ce moment-là, me dit le Dr Maynard, votre aorte aurait subi une ponction et vous vous seriez noyé dans votre propre sang. »

En cet été 1963, on peut dire que l'aorte de la nation était ainsi menacée par le poignard de la violence. À l'heure actuelle, plusieurs centaines de villes pleureraient d'innombrables morts sans l'intervention de certaines forces qui permirent aux

« chirurgiens » politiques d'ouvrir hardiment et sans crainte la plaie pour en extraire le mal mortel.

À quoi devons-nous ce sursis ? Avant de répondre, il nous faut d'abord examiner une première question. Pourquoi cette Révolution a-t-elle commencé précisément en 1963 ? Les Noirs enduraient leur peine en silence depuis de nombreuses décades. Il y avait longtemps, bien longtemps qu'ils psalmodiaient, comme le poète : « Pourquoi les ténèbres de la nuit emplissent-elles notre gorge ? Pourquoi notre sang doit-il toujours avoir le goût de la souffrance ? » Oui, la race noire aurait pu se révolter à n'importe quelle époque. Pourquoi avoir choisi 1963 ?

Pourquoi la nation vit-elle un millier de ses cités saisies, presque simultanément, d'un même frisson ? Et pourquoi, au long de ces mois mémorables, le monde entier, du plus petit village à la plus brillante capitale, fut-il soudain aux aguets, le souffle suspendu ? Pourquoi le Noir américain, si longtemps ignoré et en marge de l'histoire, décida-t-il justement cette année-là d'emboucher la trompette de la liberté et de claironner le chant d'un peuple en marche, dont les journaux, les magazines et les écrans de télévision se firent l'écho ? Voici que soudain Sarah Turner abandonne sa cuisine pour parcourir les rues ; John Wilkins ferme les portes de son ascenseur pour s'enrôler dans l'armée de la non-violence ; Bill Griggs serre les freins de son camion et saute sur le trottoir ; voici enfin que le révérend Arthur Jones, après avoir conduit le troupeau de ses fidèles dans la rue, exerce son ministère en prison. Voici que, à la une des journaux, les paroles ou les actes des parlements et des hommes d'État, des souverains et des ministres, des vedettes de cinéma et des athlètes ont soudain cédé la place aux faits et gestes des domestiques, des chauffeurs, des liftiers ou des pasteurs.

Pourquoi 1963, en vérité, et quel rapport entre cette date et le fait que cet énorme potentiel de violence n'a pas donné lieu à une explosion sanglante ?

III

Le ralentissement de l'intégration scolaire avait été une grande déception pour les Noirs. On savait qu'en 1954 le tribunal le plus puissant du pays avait promulgué un décret exigeant la suppression de la ségrégation dans les écoles, « avec toute la diligence voulue ». On savait aussi que ce décret de la Cour suprême avait été appliqué avec tout le retard désirable. Au début de 1963, soit neuf ans après cette décision historique, il n'y avait, dans le Sud, qu'environ 9 % d'étudiants noirs dans les écoles intégrationnistes. À ce rythme, il faudrait attendre l'an 2054 avant l'achèvement de l'intégration scolaire.

En promulguant cette loi, la Cour suprême avait conscience que l'on tenterait de s'y soustraire : les termes dont elle usa le prouvent. Cette simple petite phrase : « Avec toute la diligence voulue », indiquait qu'il n'était pas question de laisser s'écouler un siècle avant de libérer les enfants noirs de ces pauvres trous à rats que sont les écoles réservées aux gens de couleur ; elle signifiait au contraire que la démocratie, admettant qu'il était urgent de transformer des attitudes périmées et des habitudes démodées, devait donner le signal de l'abolition d'un passé d'ignorance et d'intolérance, pour construire un présent ouvert à un enseignement véritable et à la liberté morale.

Pourtant, il est évident que les ségrégationnistes du Sud continuent à considérer cette loi comme lettre morte : les statistiques en fournissent d'abondantes preuves. Partout, dans le Dixieland, on passa outre, et ouvertement, à la proclamation de la Cour suprême. Les défenseurs du *statu quo* se considérèrent tout d'abord comme personnellement outragés par ce décret ; mais bientôt, reprenant l'offensive, ils l'appliquèrent à leur façon : cette réforme, qui devait s'accomplir avec toute la diligence voulue, n'a en fait apporté quelque changement que pour 2 % des écoliers noirs dans la plupart des États du Sud, et pour 0,1 % seulement dans quelques coins de l'extrême Sud.

Mais il y a une autre raison au ralentissement du progrès, un facteur qu'on cite rarement et qu'on comprend encore plus rarement. En effet, et on l'oublie souvent, peu après sa décision de 1954, la Cour suprême fit en quelque sorte machine arrière en donnant son accord sur la « Pupil Placement Law ». Cette loi donne toute liberté aux États de décider eux-mêmes de tel ou tel établissement pour un écolier, selon son milieu familial, ses capacités ou tout autre critère parfaitement subjectif. La « Pupil Placement Law » était, pour le ralentissement et la limitation de l'intégration scolaire, un instrument presque aussi puissant que la loi précédente pour l'élimination de la ségrégation. Sans se contredire vraiment sur le plan purement technique, la Cour avait cependant sanctionné légalement la discrimination et permis ainsi que la ségrégation proprement dite, bien qu'en principe illégale, subsistât en fait pendant un temps indéterminé.

Pour comprendre la profonde désillusion qui était celle des Noirs en 1963, il faut tenir compte des émotions contradictoires qu'ils ont pu ressentir tout au long des années à dater de 1954. Il faut comprendre cette oscillation constante entre la vague d'espoir soulevée par la promulgation de la loi et l'abattement qui suivit sa non-application.

Mais l'explosion de 1963 peut également s'expliquer par la déception provoquée par les deux partis politiques américains. En 1960, le Parti démocrate siégeant à Los Angeles avait publié une proclamation historique et révolutionnaire sur les droits civiques. Le porte-drapeau démocrate avait répété fréquemment et avec emphase que la présidence devait peser de toute son autorité morale pour que soit réglé ce brûlant problème. De son côté, à Chicago, la Convention républicaine avait consacré une part généreuse de ses résolutions à la question des droits civiques, quoique son candidat n'eût guère tenté d'efforts, pendant sa campagne, pour convaincre le pays qu'il accomplirait les promesses de son parti.

1961, puis 1962 s'écoulèrent sans que l'un ou l'autre parti fasse progresser la cause de la justice. Au Congrès, les républicains réactionnaires continuaient leur commerce avec les « Dixiecrates ». Et parmi les Noirs naissait peu à peu l'impression que l'administration avait simplifié à l'extrême et sous-estimé le problème des droits civiques. Le président Kennedy, sans faire vraiment machine arrière, ne fut pas totalement fidèle à la promesse qui fut l'un des arguments-clés de sa campagne électorale : effacer immédiatement, « d'un trait de plume », toute discrimination en matière de logement. En effet, les termes de ce décret – qui fut signé deux ans après l'accession de Kennedy à la Maison-Blanche – révélèrent, malgré le louable effort dont ils témoignaient, un sérieux affaiblissement de la politique présidentielle, car ils évitaient d'attaquer ce qui constitue le problème-clé de la discrimination : son financement par les banques et les autres institutions.

Certains Noirs se voyaient accéder à quelques postes importants, et la Maison-Blanche elle-même, inaugurant l'hospitalité sociale, ouvrait ses portes aux leaders noirs, mais les espoirs et les rêves de la masse étaient réduits en pièces. Une fois de plus on donnait au Nègre un vieil os à ronger, mais cette fois on le lui présentait sur un plateau et avec une certaine courtoisie. Dans le Sud, bastion de la discrimination, l'administration intenta une série de procès principalement destinés à faire respecter le droit de vote. Peu à peu, on tentait de limiter notre action à un seul front. Chaque fois qu'il y avait une nouvelle protestation de la part des Noirs, on nous conseillait, parfois en privé, parfois aussi en public, d'annuler toutes nos revendications pour consacrer nos énergies à obtenir l'inscription sur les listes électorales. Chaque fois, nous avons admis l'importance du droit de vote, mais chaque fois aussi nous avons tenté, patiemment, d'expliquer que les Noirs n'avaient pas l'intention d'abandonner tous leurs autres droits en faveur d'un seul. Mais notre argument ne réussit pas à convaincre l'administration, pas plus d'ailleurs que la logique gouvernementale ne fut déterminante pour nous. Les Noirs avaient exprimé leur confiance en votant en masse pour le président Kennedy. Ils attendaient plus de lui que de l'administration précédente. Le président Kennedy n'a, en aucune façon, trahi sa parole ; mais son administration était persuadée qu'elle faisait tout ce qui était politiquement possible et qu'elle avait gagné assez de crédit grâce à ses actes positifs pour s'en tenir là en matière de droits civiques. Sur le plan strictement politique, cela pouvait paraître normal, mais combien de gens comprirent, pendant les deux premières années de l'administration Kennedy, que le « *maintenant* » des Noirs était en train de devenir aussi « pressant » que le « *jamais* » des ségrégationnistes ? Plus tard, le président Kennedy devait mettre de côté toute considération politique et en revenir à son engagement moral personnel et inébranlable. Mais cela appartenait encore à l'avenir.

Il serait vain de vouloir étudier les différents éléments qui ont influencé la pensée noire en 1963, sans mentionner le rapport de cette Révolution avec les événements internationaux. Au hasard des bouleversements de la politique de la guerre froide, notre gouvernement avait été plus d'une fois à deux doigts d'engager un conflit nucléaire. Chaque fois, on justifiait le risque d'anéantissement de la race humaine par la volonté américaine de préserver la liberté à n'importe quel prix. Pour nous, les Noirs, cette promptitude à l'héroïsme, au nom de la défense de la liberté, nous échappait complètement ou semblait tragiquement dérisoire puisque la menace existait dans nos frontières mêmes et qu'elle intéressait notre vraie liberté. Car le Noir n'est pas égoïste au point de s'enfermer dans son drame personnel et d'ignorer le flux et le reflux des événements mondiaux ; mais il est normal qu'il contemple avec une ironie amère son pays se faire le champion de la liberté à l'étranger, tout en privant de la même liberté vingt millions de ses citoyens.

Il est, par-delà les frontières, une autre force puissante qui a inspiré le Noir américain. C'est le mouvement de décolonisation et de libération qui s'est étendu depuis la Seconde Guerre mondiale, à l'Afrique et à l'Asie. Depuis longtemps, les peuples afro-asiatiques considéraient les Noirs américains comme des gens trop passifs et incapables de prendre des mesures énergiques pour conquérir leur liberté. Il suffit, pour s'en convaincre, de rappeler la visite que fit à notre pays certain chef d'État africain, auprès duquel une délégation de personnalités noires américaines vinrent faire appel. À peine eurent-elles entamé la longue liste de leurs griefs, que le visiteur agita négligemment la main et dit : « Je sais ce qui se passe. Je suis au courant de tout ce que l'homme blanc a fait au Noir. Mais dites-moi : qu'a fait le Noir pour lui-même ? »

Les Noirs américains ont assisté au progrès politique spectaculaire du continent dont ils furent arrachés pour être jetés en esclavage. Ils ont réalisé qu'il y a seulement trente ans il n'y avait que trois nations indépendantes dans toute l'Afrique. Ils ont appris qu'en 1963 plus de trente-quatre nations africaines s'étaient libérées des liens coloniaux. Il ont vu, aux Nations unies, des hommes d'État noirs voter sur des questions vitales pour le monde au moment où, dans leur pays, le droit d'aller aux urnes leur était refusé dans bien des villes. Ils ont vu des rois ou des potentats noirs gouverner des nations du fond de leurs douillets palaces, tandis qu'on ne leur donnait, à eux, qu'une seule possibilité : déménager vers un ghetto plus vaste que le précédent. Il était normal que, après avoir été témoin du progrès noir dans le monde moderne en opposition flagrante avec sa propre désintégration, le Noir américain, en l'année 1963, se dresse résolument en face du monde pour réclamer une part du pouvoir et un niveau de vie davantage conforme aux normes américaines qu'à celles de la régression coloniale.

Un autre fait, décisif, aida le Noir américain à prendre conscience de lui-même, le poussant hors de chez lui, le forçant enfin à quitter les tranchées pour la ligne de feu. Le Noir, en effet, a soudain

24

compris qu'un siècle s'était écoulé depuis son émancipation, sans qu'aucune conséquence profonde s'en soit fait sentir dans sa condition.

À l'aube de 1963, le pays tout entier se prépara à célébrer solennellement le centenaire de la proclamation d'émancipation des Noirs. Une commission fédérale spéciale fut nommée à Washington pour marquer l'événement. À l'échelon des États ou des villes, gouverneurs et maires profitèrent de l'occasion pour rehausser leur prestige politique en nommant eux aussi des commissions, en recevant des comités, en promulguant des décrets, en organisant des manifestations spectaculaires, en offrant des banquets et en souscrivant à toutes sortes d'activités sociales. Le champagne allait couler à flots cette année-là. Et la foule, astucieusement attirée par la bonne chère, se verrait ensuite asséner de pompeux discours saluant l'année 1963 comme une grande date dans l'histoire de la démocratie.

Malheureusement, tout le battage et toute la publicité dont fut entouré le centenaire ne réussirent qu'à rappeler douloureusement au Noir qu'il était loin d'être libre, mais qu'il continuait de vivre dans une sorte d'esclavage dissimulé sous de subtils artifices. Lyndon B. Johnson, alors vice-président des États-Unis, illustra très exactement cette condition en s'écriant : « L'émancipation fut une proclamation et non un fait ! » Le Grand Émancipateur avait obtenu la liberté physique des Noirs, et pourtant les conditions présentes les retenaient encore dans un asservissement politique, psychologique, social, économique et intellectuel. Dans le Sud, les Noirs continuaient à se heurter à une discrimination ouvertement manifestée, tandis que dans le Nord cette même discrimination s'exprimait sous le couvert de subtils déguisements.

Cet été-là, les Noirs comprirent que, cent ans après leur émancipation, ils devaient continuer à vivre sur un îlot d'insécurité économique, noyé dans un océan de prospérité matérielle. Car les Noirs se trouvent encore au bas de l'échelle économique. Leur vie se déroule au centre de deux cercles concentriques engendrés par la ségrégation. Le premier les laisse prisonniers de la couleur de leur peau, le second les maintient dans un état de pauvreté permanente. Ainsi, le Noir américain moyen, né dans le dénuement et le besoin, se heurte, chaque fois qu'il tente de « s'en sortir », à la discrimination qu'entraîne automatiquement la couleur de sa peau. Il n'a pas droit à l'éducation ni aux possibilités sociales et économiques qui lui sont normalement dues. Si, par chance, il a l'occasion de se hisser tout seul à la force du poignet, on lui marche sur les doigts pour lui faire lâcher prise.

En 1963, la Grande Crise n'était plus qu'un lointain souvenir pour la population ouvrière américaine, qui d'ailleurs était en majorité trop jeune pour l'avoir vécue. L'augmentation lente et régulière du chômage n'affectait les travailleurs blancs que dans la proportion de un sur vingt, mais la situation était beaucoup plus grave pour les Noirs. Il y avait en 1963 environ deux fois et demie de chômeurs noirs de plus que de chômeurs blancs, et le revenu moyen des Noirs était inférieur de moitié à celui des Blancs. Un grand nombre d'Américains blancs de bonne volonté n'ont jamais établi de rapport entre le sectarisme et l'exploitation économique : tout en déplorant le préjudice causé aux Noirs, ils en arrivaient ainsi à tolérer ou même à ignorer l'injustice économique. Le Noir, lui, est conscient de l'étroite parenté qui existe entre ces deux maux. Il le sait parce qu'il a travaillé dans des magasins qui ne l'employaient qu'en raison du taux extrêmement bas des salaires alloués aux Noirs. Il sait que le hasard n'est pour rien dans le fait que les salaires sont sensiblement plus bas dans le Sud que dans le Nord. Pour lui, le travail des femmes, souligné récemment comme un fait nouveau dans l'actualité économique du pays, n'a rien de particulièrement original. De tous temps les femmes noires ont dû travailler pour arriver à nourrir et vêtir leur famille.

Aux approches de l'année 1963, la structure économique de la société était organisée de telle sorte qu'elle donnait lieu à un véritable filtrage dans la répartition des professions et les Noirs s'en rendaient compte de plus en plus. Les emplois mal payés ou aléatoires leur étaient réservés et s'ils cherchaient à améliorer leur situation, ils se cognaient immanquablement au mur infranchissable de la discrimination. Avec l'été, le chômage prit des proportions de plus en plus évidentes, aux yeux, du moins, des Américains de couleur. Qui dit égalité dit dignité, or la dignité exige un emploi stable et un salaire suffisant pour subvenir aux besoins essentiels.

Au problème économique du Noir était venu se greffer un autre problème : celui que posaient les progrès de l'automation. Condamné par la discrimination et le manque d'éducation aux tâches non qualifiées ou semi-qualifiées, le Noir était et est toujours la première victime de l'énorme développement technique auquel nous assistons. Il eût fallu, pour aider le travailleur noir à faire face à l'ensemble de son problème, un programme énergique de rééducation, mais il n'existait rien de semblable et le Noir ne le savait que trop.

Le domaine de la construction par exemple était le symbole de ces emplois inaccessibles aux Noirs. Les syndicats aussi bien que les employeurs fermaient les portes de cette industrie aux Noirs, dont pourtant le travail d'esclaves avait contribué, pendant des générations, à construire la nation. On dépensait des milliards pour la construction, à l'échelon des villes, des États ou de la nation – opération pour laquelle les Noirs payaient des impôts comme les autres citoyens, mais dont ils ne pouvaient, par contre, espérer obtenir aucun emploi. Quand on a vu ces ponts, ces énormes immeubles, ces docks, ces usines, pourquoi mettrait-on en doute les capacités des Noirs à participer à leur construction, à condition, bien sûr, qu'ils aient reçu la formation adéquate ? Seule la discrimination totale, cruelle, âpre, a maintenu le Noir américain à l'écart d'un travail décent.

Il y avait longtemps que le Noir savait qu'il n'était pas libre, mais c'est en 1963 qu'il sortit de son engourdissement, car c'est en 1963 que l'a frappé cette évidence choquante : un siècle s'était écoulé depuis que Lincoln avait honoré de sa signature la cause de la liberté !

Cette date dans l'histoire de l'émancipation, cette occasion du centenaire fournit au Noir une raison d'agir – une raison si simple qu'il lui fallut presque reculer pour mieux la voir.

La simple logique faisait apparaître une douloureuse évidence : si on voulait donner à ce centenaire toute sa signification, il fallait qu'il soit, plutôt qu'une célébration, la commémoration effective d'une grande date dans l'histoire de notre pays, où fut accompli un geste hardi et généreux. Il fallait qu'il soit également l'occasion de rappeler l'urgence de la tâche à accomplir : un nouveau départ vers la réalisation des buts proposés par le préambule de la Constitution, par la Constitution elle-même, par la Déclaration des droits et par les treizième, quatorzième et quinzième amendements.

Pourtant, la conjonction de toutes ces forces n'aurait pu faire naître sans effusion de sang une révolution d'une telle ampleur, si elle n'avait été fondée sur une philosophie et une méthode dignes de ses buts. L'action directe non violente n'est pas née en Amérique, mais elle a trouvé un terrain favorable dans ce pays où le refus de l'injustice était une ancienne et honorable tradition et où le pardon chrétien était gravé dans les esprits et dans les cœurs des hommes de bonne volonté. La résistance non violente a été mise à l'essai à Montgomery au cours de l'hiver 1955-1956, puis elle s'est fortifiée dans le Sud pendant les huit années

29

suivantes, pour devenir en 1963 la principale force de cette croisade pour la liberté la plus gigantesque de toute l'histoire américaine.

La non-violence est une arme puissante et juste. Il n'y en a pas de semblable dans l'histoire des hommes, car elle frappe sans blesser et ennoblit celui qui la brandit. C'est une arme qui sauve. Réponse à la fois pratique et morale à la volonté de justice des Noirs, l'action non violente a prouvé qu'elle pouvait gagner des batailles sans perdre des guerres, et c'est pourquoi elle est devenue l'instrument triomphant de la Révolution noire de 1963.

CHAPITRE II

L'arme qui sauve

I

Au cours de l'été 1963, on vit se cristalliser tout un faisceau de circonstances historiques, sociales et psychologiques qu'il est important d'examiner en détail pour comprendre l'actuelle Révolution. Car ce sont ces conditions psychologiques et sociales qui sont à l'origine de cette Révolution et qui lui ont apporté sa philosophie et les méthodes du combat par la non-violence.

Il faut d'abord comprendre que les Noirs ne se sont pas révoltés parce qu'ils auraient soudain perdu patience. Les Noirs n'ont jamais été vraiment patients, au sens exact du terme. Il était normal qu'ils aient gardé, de leur longue servitude physique, cette attitude psychologique de la résignation silencieuse.

À l'époque de l'esclavage, la répression se faisait ouvertement et on l'appliquait même scientifiquement. Les Noirs étaient des captifs sur le plan physique. Ils n'avaient pas le droit d'apprendre à lire et à écrire, c'était une loi effective et officielle. Il leur était interdit de se réunir entre eux, même s'ils vivaient sur la même plantation, sauf pour les mariages et les enterrements. S'ils résistaient ou tentaient de se plaindre de leur condition, les punitions pouvaient aller de la mutilation à la peine de mort. Les familles étaient dispersées, les amis séparés, et toute tentative pour améliorer leur condition soigneusement contrecarrée. Quand un enfant naissait, ou bien on le vendait, ou, si on le gardait, on vendait son père et sa mère. Quant aux jeunes filles, on les vendait pour la plupart comme reproductrices de nouvelles générations d'esclaves. Les marchands d'esclaves américains avaient organisé leur système avec une précision presque scientifique, de façon à laisser les Noirs psychologiquement et physiquement sans défense.

Quand l'esclavage physique fut aboli, après la guerre civile, on trouva une quantité de nouveaux moyens pour que « le Nègre reste à sa place ». Il faudrait des volumes pour décrire ces méthodes, depuis la naissance dans des hôpitaux « nègres », jusqu'à l'enterrement dans les sections « nègres » des cimetières. Tout cela est bien trop connu pour qu'il soit utile de le répéter. Pourtant, ces dernières années ont révélé que les préjugés raciaux et la discrimination ne portent pas la seule étiquette sudiste. Par sa subtilité, par sa technique psychologique, le Nord n'a rien à envier en horreur et en injustice au terrorisme et à la brutalité ouvertement pratiqués dans le Sud. Il en est résulté cette fameuse attitude qui a passé pour de la patience aux yeux des Blancs, mais qui cachait une terrible impatience dans le cœur des Noirs.

Pendant des années, dans le Sud, les ségrégationnistes blancs n'ont cessé de répéter que les Noirs étaient « satisfaits » de leur condition. Ils ont claironné partout : « Nous nous entendons parfaitement bien avec nos Noirs, parce que nous les comprenons. Nos seuls ennuis viennent d'agitateurs extérieurs. » La plupart d'entre eux étaient conscients, en s'exprimant ainsi, de l'énorme mensonge qu'ils proféraient. D'autres croyaient sincèrement à la véracité de leurs paroles. Ils vous disaient, pour corroborer leurs dires : « Mais voyons, j'en ai parlé à ma cuisinière et elle a dit... » Ou bien : « J'ai discuté franchement de ce problème avec l'homme de couleur qui travaille pour nous et je lui ai dit qu'il pouvait s'exprimer librement. Il a dit... »

Il se peut que dans le Sud les Blancs ne sachent jamais jusqu'à quel point les Noirs ont voulu se défendre et protéger leurs emplois – et bien souvent leur vie – en passant maîtres dans l'art de tout ignorer ou de tout admettre. Autrefois, aucune cuisinière n'aurait osé dire à son employeur ce qu'il aurait dû savoir. Elle devait lui dire ce qu'il désirait entendre, car elle risquait, pour prix de sa franchise, d'être tout simplement chassée.

Pendant le boycott des bus de Montgomery, une famille blanche somma un jour sa cuisinière noire de lui dire si elle approuvait les horribles choses que faisaient les Noirs en boycottant les bus et en revendiquant des emplois. « Oh non, Madame, répondit la cuisinière, je ne veux rien avoir à faire avec cette histoire de boycott. J'éviterai soigneusement de prendre un autobus tant que ça durera. » Sans aucun doute, son auditoire fut satisfait. Mais en rentrant chez elle le soir, malgré la fatigue accumulée au cours de sa journée de travail, elle marcha fièrement, consciente de se joindre ainsi au mouvement qui devait aboutir, à Montgomery, à la suppression de la ségrégation dans les transports publics.

Jadis, le Noir se retrouvait aussi facilement en prison qu'il perdait son emploi. Si par hasard un Noir manifestait une étincelle d'humanité, un policier sudiste pouvait dire : « Gare à toi, sale Nègre, sinon je t'embarque ! » Or le Noir savait ce que cela voulait dire. Cela ne signifiait pas seulement l'isolement de la prison et la séparation d'avec sa famille, cela signifiait aussi qu'il pouvait s'attendre à un sérieux passage à tabac. Et cela signifiait aussi que son procès, s'il avait jamais lieu, serait une parodie de la justice.

Il existe encore aujourd'hui dans le Sud – et dans certaines régions du Nord – des fonctionnaires déloyaux qui, se targuant de l'investiture que la société leur donne au nom de la justice, en profitent pour pratiquer l'injustice à l'égard des minorités. Alors qu'autrefois, à l'époque de l'esclavage, l'usage et la coutume avaient placé le fouet dans les mains des contremaîtres et des maîtres, aujourd'hui – surtout dans la partie sud du pays – des armées de fonctionnaires sont habillées d'un uniforme, investies d'autorité, équipées des instruments de violence et de mort et conditionnées de

34

façon à croire qu'elles peuvent intimider, mutiler ou tuer des Noirs avec la même impunité qui faisait agir autrefois les propriétaires d'esclaves.

Quiconque doute de ce que j'avance n'a qu'à étudier la documentation officielle ; il verra combien rarement dans les États du Sud un policier a été puni pour abus d'autorité à l'égard d'un Noir.

Depuis l'avènement de la non-violence, l'homme blanc s'est trouvé devant un spectacle entièrement nouveau pour lui. Il a vu des centaines, des milliers de Noirs participer à des manifestations publiques tout en sachant parfaitement qu'ils risquaient la prison ; car ces Noirs voulaient aller en prison, ils acceptaient volontairement la réclusion, la possibilité du passage à tabac et la partialité des tribunaux sudistes.

Les derniers jours de la campagne de Birmingham en sont un exemple frappant : on vit là de tout jeunes Noirs courir après les policiers blancs en les suppliant de les arrêter. Leur bonne foi ne saurait être mise en doute, mais il y avait un peu de malice dans leur insistance. Car ces jeunes gens – entièrement disposés, soulignons-le, à subir l'emprisonnement – savaient parfaitement que les prisons de la ville étaient déjà pleines de manifestants et que les policiers n'auraient su où les mettre.

Quand soudain un homme que vous avez humilié pendant des années par la menace d'un châtiment cruel et injuste se tourne vers vous et vous dit calmement : « Punis-moi ! Je ne le mérite pas. Mais c'est justement parce que je suis innocent que j'accepte le châtiment, afin que le monde entier sache que j'ai raison et que tu as tort. » Quand un tel homme vous parle ainsi, vous ne savez plus que faire. Vous êtes déconcerté et secrètement honteux, car vous savez qu'il a une valeur égale à la vôtre et qu'il a su puiser, d'une source mystérieuse, le courage et la conviction d'opposer à la force physique la force d'âme.

Et bientôt le fait d'aller en prison, au lieu d'être pour le Noir une disgrâce, devint au contraire un gage d'honneur. En se révoltant, les Noirs n'attaquèrent pas seulement la cause extérieure de leur misère : leur Révolution les révéla à eux-mêmes. Le Noir était *quelqu'un*. Il découvrait le sens de sa *personnalité* et il lui fallait, *très vite*, se libérer.

Il faut également parler d'une autre technique qui vit le jour au cours des dernières années, remplaçant peu à peu les vieilles méthodes utilisées jusqu'ici pour contrecarrer les rêves et les aspirations des Noirs. C'est la méthode connue sous le nom de « tokenisme[1] ». Quand la Cour suprême modifia sa décision en matière de ségrégation scolaire, en donnant son accord sur la « Pupil Placement Law », elle ouvrit de ce fait la porte toute grande au « tokenisme ». Cela signifiait en fait que le Noir se voyait octroyer une simple « plaque de jeu » pour prix de sa vraie liberté. Mais cette plaque n'a de valeur que si celui qui vous l'a

_____

1. Le mot *token* signifie, en anglais, signe, indication, marque (d'amitié, d'affection, etc.), et également jeton, monnaie fiduciaire *(N.d.T.)*.

vendue lui en reconnaît une ; s'il ne lui en reconnaît pas, vous n'avez rien. Le « tokenisme » est une promesse de paiement. La démocratie, au sens le plus noble du terme, est un paiement.

Les Noirs voulaient être fiers de leur race ? Qu'à cela ne tienne : avec le « tokenisme » la solution était facile ! En attirant l'attention de vingt millions de Noirs sur le seul Ralph Bunche [1], on espérait que l'accession d'un Noir à une telle fonction apporterait à tous les autres leur petite part de satisfaction personnelle. On nomma un juge noir çà et là ; un agent exécutif noir fut placé dans un beau bureau au sol recouvert d'une épaisse moquette ; on nomma même un Noir haut fonctionnaire du gouvernement – avec vue sur un ministère ; il y eut un étudiant noir dans une université du Mississippi – protégé, il est vrai, par la force armée ; il y eut trois enfants admis au lycée d'une grande ville... Mais tous ces progrès n'étaient que des trompe-l'œil destinés à masquer la réalité persistante de la ségrégation et de la discrimination.

Pendant les dix dernières années, le combat s'était concentré sur l'obtention de quelques points essentiels, et la bataille, si rude fût-elle, n'avait pas toujours porté ses fruits : le problème scolaire, celui de l'emploi, du logement, du droit de vote s'étaient toujours heurtés à la méthode du « tokenisme ». Une nouvelle politique était en train de s'installer par laquelle les Noirs – et ils commençaient à s'en

---

1. Noir américain, haut fonctionnaire de l'ONU (*N.d.T.*).

rendre compte – subissaient simplement un nouveau clivage où certains d'entre eux seulement auraient droit à l'éducation, aux honneurs, à l'intégration, pour représenter la masse – ou se substituer à elle.

Le grand argument de ceux qui sont partisans du « tokenisme » est qu'il faut bien un point de départ à tout et qu'il serait sot de repousser *a priori* toute percée dans les lignes ennemies, aussi limitée soit-elle. C'est en effet un argument valable et le mouvement de libération noire est mieux placé que quiconque pour savoir que la grande victoire finale a souvent un point de départ fort modeste. Mais il faut faire une distinction capitale entre une origine modeste et le « tokenisme ». Le « tokenisme » condamné par les Noirs est une fin en lui-même. Son but n'est pas d'entamer une action mais bien plutôt de mettre fin à la poussée de protestation qui se propage.

Si j'ai voulu analyser ici la position des Noirs vis-à-vis du « tokenisme », c'est parce que je crois que cette étude permettra de mieux comprendre leur actuelle attitude d'intransigeance. On comprendra mieux pourquoi ils considèrent qu'une demi-tranche de pain ne nourrit pas un homme, et pourquoi ils ne peuvent plus désormais faire machine arrière.

À l'heure où j'écris, qui voit se terminer le premier épisode de la Révolution, le Noir n'est pas inconscient ou indifférent aux progrès réalisés jusqu'ici. Il approuve le changement radical qui s'est opéré dans l'administration en ce qui concerne le droit de vote et il reconnaît les gains, faibles mais visibles, qu'il a obtenus dans le pays. S'il continue à répéter : « Ce n'est pas assez », c'est parce qu'il ne voit pas pourquoi il lui faudrait être *reconnaissant* des tentatives hésitantes et maladroites de ses contemporains pour rattraper le retard apporté à l'octroi des droits fondamentaux qu'il aurait dû posséder automatiquement, depuis des siècles, en vertu de son appartenance à la famille humaine et de sa citoyenneté américaine.

C'est en raison de cette profonde conviction qu'il souscrit aux paroles prononcées en juin 1963 par le président Kennedy, quelques mois seulement avant sa fin tragique : « Cette question est avant tout une question morale ! Et cette question est aussi claire dans la Constitution américaine qu'elle est ancienne dans les Écritures. Il s'agit de savoir si tous les Américains bénéficient des mêmes droits et des même chances... Ceux qui ne font rien attirent sur eux la honte aussi bien que la violence. Ceux qui agissent hardiment reconnaissent le droit aussi bien que la réalité. »

II

Depuis leur émancipation, c'est-à-dire depuis un siècle, les Noirs sont à la recherche du chemin qui conduit à la liberté, sachant qu'ils doivent adopter une tactique en accord avec leur condition unique et particulière. La Constitution, dans la lettre, les a déclarés libres, mais la vie leur a appris qu'une double condamnation pèse sur eux : relégués dans les couches les plus basses de la société, ils y sont irrémédiablement prisonniers de la couleur de leur peau.

Pendant des années le rude chemin parcouru avec acharnement n'aboutit qu'à une impasse. Booker T. Washington, au cours des sombres jours qui suivirent la Reconstruction, leur donna ce conseil : « Posez vos baluchons et restez où vous êtes ! » Contentez-vous, voulait-il dire, de bien faire ce que les circonstances actuelles vous permettent de faire. Pourtant, les Noirs sentirent bientôt que cette route n'offrait guère de liberté dans le présent et qu'elle en promettait trop peu pour l'avenir.

Au début du siècle, WEB Du Bois, alors très jeune, exhorta l'élite de la race noire – elle en représentait à peu près le dixième – à monter à l'assaut pour ouvrir la brèche à la masse du peuple. Sa doctrine fut utile car elle contrebalançait fort heureusement la résignation apparente de Booker T. Washington. Pourtant, dans le fond de sa pensée, une telle doctrine n'offrait aucun rôle réel à la masse populaire. Seuls, quelques privilégiés d'une certaine aristocratie devaient en être les bénéficiaires, au détriment de 90 % de l'ensemble de la population noire.

Après la Première Guerre mondiale, Marcus Garvey lança à la race noire un appel qui avait le mérite de faire totalement abstraction du concept d'infériorité. Il prônait le retour à l'Afrique et le réveil de l'orgueil de la race. Son mouvement eut un retentissement considérable et provoqua un enthousiasme profond, car il touchait du doigt une vérité dont les Noirs avaient depuis longtemps l'intuition : ils pouvaient être fiers de leur héritage et des succès chèrement gagnés en Amérique. Le projet de Marcus Garvey échoua cependant car cet exode, en plein XXᵉ siècle, vers l'Afrique, d'un peuple qui s'était implanté dans le Nouveau Monde depuis trois siècles et demi, n'aurait pas été marqué du signe du progrès.

La fin du mouvement de Garvey marqua l'avènement d'une doctrine qui devait rester au premier plan pendant plus de trente ans. Je veux parler de celle qu'a soutenue et remarquablement organisée l'Association nationale pour l'avancement des gens de couleur (NAACP[1], qui s'attacha à l'application de la Constitution et de la loi fédérale. Selon cette doctrine, il fallait utiliser les cours fédérales pour combattre l'oppression des Noirs, surtout dans les États du Sud qui se servaient d'une apparente légalité pour dissimuler une féroce discrimination.

Ayant à sa tête les leaders les plus brillants et les plus ardents, la NAACP s'est efforcé sans relâche de gagner d'innombrables victoires judiciaires. La plus importante fut celle qui donna aux Noirs le droit de participer aux élections nationales, abolissant en même temps des systèmes aussi vagues que la « clause du grand-père », et bien

---

1. National Association for the Advancement of Colored People (*N.d.T*).

d'autres encore. Sans doute, cette méthode, faisant appel aux moyens légaux pour obtenir des changements, porta ses fruits dans le domaine de l'enseignement, et suscita un élan d'enthousiasme au cœur de la population noire. Mais il se calma bientôt devant l'incapacité nationale à faire exécuter toutes les clauses du jugement rendu et on assista au lent reflux des adhésions en faveur de la méthode légale. Aux yeux des Noirs, cette doctrine était en train de devenir celle du favoritisme, car le combat sur le seul plan légal faisait maintenant la preuve de son insuffisance. À cette époque – vers les années 1950 –, les Noirs étaient en pleine crise. Leur mouvement ne pouvait plus s'appuyer sur une doctrine suffisamment pleine de promesses ou sur un programme soigneusement élaboré et susceptible de leur ouvrir la voie vers la liberté.

Aucune révolution ne peut avoir lieu sans une méthodologie adaptée aux circonstances de l'époque : c'est une loi inhérente à tout changement social. Au cours des années 1950, bien des voix s'élevèrent pour proposer une nouvelle tactique en remplacement de l'action légale. Parmi elles, certaines proposèrent de laver les maux de la nation dans un bain de sang. Ce plaidoyer en faveur de la violence s'appuyait sur une tradition historique remontant à la guerre civile américaine et jusqu'à Spartacus. Mais en 1955 les Noirs du Sud mesuraient parfaitement le pouvoir des forces déployées contre eux et, de ce fait, savaient qu'il eût été vain de nourrir le plus infime espoir de victoire. Ils étaient sans armes, sans organisation aucune, ils n'avaient aucun entraînement, étaient désunis, et – c'est ce qui compte le plus – aucune préparation psychologique et morale ne les avait entraînés à verser le sang de propos délibéré. Prêts, s'il le fallait, à mourir pour la liberté avec un courage à la mesure de leur désespoir, les Noirs ne voulaient en aucun cas participer au suicide de leur race, sans la moindre chance de victoire.

Mais cette résistance des Noirs à la violence venait peut-être surtout de leurs croyances spirituelles si profondément enracinées. À Montgomery, lorsqu'une courageuse jeune femme, Rosa Parks, refusa de céder sa place à un Blanc, donnant ainsi le signal du boycott de 1955-1956, c'est à partir des communautés religieuses de la ville que se développa la campagne contre l'injustice raciale dans les transports publics. Dans le Sud tout entier – et à commencer par Montgomery –, l'Église noire se trouva de plus en plus mêlée à la lutte pour les droits civiques. Les révérends noirs, de plus en plus persuadés que le vrai témoignage d'une vie chrétienne est l'annonce d'un évangile social, avaient accepté de prendre la tête du combat pour la justice raciale et avaient joué un rôle important dans nombre de groupes de la NAACP, étendant leur influence sur tout le mouvement de libération.

Leur doctrine était celle de la non-violence. Ils ne cherchaient pas à recruter des soldats pour crier vengeance mais ils réunissaient ceux qui voulaient se faire les champions du progrès. Ils ne cherchaient pas à réclamer œil pour œil, mais ils exhortaient ceux qui les suivaient à ouvrir les yeux de ceux qui sont aveuglés de préjugés. Si le Noir renonçait à la force, ce n'est pas seulement parce qu'il savait qu'il n'obtiendrait pas sa liberté par la violence physique, mais c'est aussi parce que dans la violence physique, il risquait de perdre son âme.

Une autre des solutions proposées par les Noirs durant cette période de crise et d'atermoiements reflétait encore la doctrine de Marcus Garvey. Les Black Muslims, persuadés qu'une société interraciale n'offrirait jamais aux Noirs que tragédie et frustration, se mirent à prêcher la séparation définitive des races. Ils pensaient, à l'encontre de Garvey, qu'il fallait réaliser cette séparation ici même, sans effectuer ce fameux retour en Afrique, mais leur message contenait un aspect assez semblable à la doctrine de Garvey : il n'obtint qu'un appui limité de la part de la communauté noire. Ceux qui adhérèrent au mouvement des Muslims exprimèrent en fait leur ressentiment à l'égard de la passivité dont le mouvement de libération avait fait preuve jusqu'ici. Au cours de l'été 1963, quand l'esprit combatif des Noirs augmenta, la prépondérance des Muslims déclina à vue d'œil. Et aujourd'hui, quand je parcours le pays, je suis étonné de voir combien peu de Noirs américains ont entendu parler des Black Muslims (sauf, bien sûr, dans quelques ghettos de certaines grandes villes) et je suis frappé du nombre encore plus restreint de ceux qui soutiennent leur doctrine pessimiste.

Mais les Noirs avaient encore une autre possibilité. Ils pouvaient légitimement tenter de s'unir aux millions de Blancs exploités dans le Sud et qui

partageaient avec eux un urgent besoin de changement social. Sur le plan théorique, cela se tenait
car il est indéniable que dans le Sud, une masse
de Blancs vivent dans des conditions à peine meil-
leures que celles des Noirs. Mais ce n'était qu'une
théorie qui s'évanouit en fumée en face de la brutale réalité des faits. Les Noirs ressentaient plus
amèrement que le prolétariat blanc la nécessité
d'un changement immédiat. Car, en tant qu'individus, les Blancs pouvaient toujours améliorer leur
situation sans se heurter aux barrières dont la
société entoure un homme prisonnier de la couleur
de sa peau. En outre, les Blancs étaient plus sensibles à la différence de peau qui les séparait des
Noirs qu'aux circonstances qui liaient leurs intérêts
communs. Donc, une fois de plus, les Noirs comprirent que, dans le Sud, ils devraient agir sans le
secours d'aucun allié. Et enfin, les machinations
des autorités réduisirent à néant un tel espoir.

III

Heureusement, l'histoire ne pose pas toujours
des problèmes sans y apporter parfois une solution.
Les désespérés, les désavantagés, les déshérités
semblent souvent, dans les moments de crise grave,
bénéficier d'une sorte d'inspiration qui leur permet
de découvrir et de saisir les armes à la pointe des-
quelles ils se tailleront leur destin. Ainsi en fut-il
de cette arme de paix : l'action non violente directe,
qui naquit presque en une seule nuit et s'imposa

aux Noirs qui s'en emparèrent pour en faire une force puissante.

Ils comprirent que l'action non violente allait compléter – et non remplacer – l'action judiciaire. C'était le moyen de sortir de la passivité sans se plonger dans la violence et la vengeance. Le Noir allait enfin, avec ses compagnons, s'affirmer en tant que citoyen et s'associer à un programme de revendications légitimes : pour cela, il allait manifester dans les rues, dans les bus, les magasins, les parcs et autres lieux publics.

Leur formation religieuse a appris aux Noirs que la résistance pacifique des premiers chrétiens a constitué une offensive morale assez puissante pour ébranler l'Empire romain. L'histoire américaine leur a enseigné que c'est la non-violence, sous forme de boycott et de protestations, qui a réussi à confondre la monarchie britannique et à libérer les colonies d'un joug injuste. Ils ont vu leur contemporain le Mahatma Gandhi et ses disciples, grâce à leur morale de non-violence, triompher des canons de l'Empire britannique en Inde et libérer plus de trois cent cinquante millions de colonisés.

Comme leurs prédécesseurs, les Noirs étaient prêts à risquer le martyre afin d'ébranler et d'émouvoir la conscience sociale de leur communauté et de la nation tout entière. Au lieu de se soumettre à la cruauté clandestine qui s'exerce dans des milliers de prisons et aux coins d'innombrables ruelles sombres, ils ont voulu forcer leurs adversaires à exercer leur brutalité ouvertement, en plein jour, à la face du monde entier.

Cette adhésion à l'action non violente directe fut la preuve d'une certaine sophistication du peuple noir, car elle montrait qu'il osait rompre avec les vieux concepts ancrés dans notre société. Le vieil adage : œil pour œil, le réflexe de riposter à l'agression ont toujours été considérés comme la plus belle expression de la virilité américaine. Nous appartenons à un pays qui vénère la tradition des pionniers et nous avons choisi nos héros parmi ceux qui se sont fait les champions de la justice contre l'injustice. Il n'est pas très facile d'admettre que la force morale possède autant de pouvoir et de vertu que le coup de poing ; et que la maîtrise de soi qui refuse la riposte requiert plus de volonté et de courage que le réflexe automatique de rendre coup pour coup.

Pourtant, on trouve dans l'éthos américain une certaine correspondance avec cette puissance morale. Et à ce propos il me revient à l'esprit le titre d'un roman dont on a beaucoup parlé et dont on a d'ailleurs tiré un film : *To Kill a MockingBird* (*Ne tirez pas sur l'oiseau moqueur*). C'est l'histoire d'un jeune avocat blanc vivant dans le Sud et qui se heurte à une émeute fomentée par ses voisins : ceux-ci, aveuglés par la rage du lynchage, réclament la peau de son client noir. Atticus Finch – c'est le nom de ce jeune avocat – n'a qu'une arme : un inoffensif ouvrage de droit, et pourtant il parvient à disperser l'émeute par la seule force de son courage moral. Il est aidé dans sa tâche par sa petite fille qui, en appelant innocemment les éventuels lyncheurs par leur nom, leur rappelle qu'ils sont des hommes et non un troupeau de bêtes sauvages.

Comme Atticus Finch, les Noirs de 1963 comprirent que la non-violence pouvait devenir le symbole du courage, au lieu d'être un signe de lâcheté. Elle leur permettait, en accord avec leurs principes religieux, d'être l'instrument de leur propre liberté. Elle leur offrait la possibilité de transformer la haine en énergie constructive et de parvenir non seulement à se libérer mais à libérer également leur oppresseur de ses fautes. Et cette tranformation eut pour merveilleux résultat de changer le visage de l'ennemi. L'ennemi du Noir n'était plus un individu, mais un système mauvais qui amenait celui-ci à mal agir.

Les détracteurs de la non-violence qui veulent y voir le refuge des lâches perdirent du crédit devant les actes héroïques et souvent dangereux qui se déroulèrent à Montgomery, puis à Birmingham : les manifestations publiques, les marches pour la liberté leur opposèrent alors un démenti muet, mais convaincant.

Quand un peuple opprimé s'enrôle sous la bannière de la non-violence, c'est qu'il y a en lui une puissante motivation. Une armée non violente possède à la fois des qualités de splendeur et d'universalité. Il faut atteindre une certaine maturité avant de pouvoir s'enrôler dans une armée non violente, et pourtant à Birmingham, les troupes les plus valeureuses furent formées de jeunes gens d'âge scolaire, allant des classes primaires aux classes estudiantines, en passant par les lycées.

Pour être admis dans une armée qui blesse et qui tue, il faut avoir un corps sain, des membres solides et une bonne vue. Mais, à Birmingham, les boiteux, les estropiés et les infirmes purent se joindre à nous. Al Hibbler, le chanteur aveugle, n'aurait jamais été admis dans l'armée des États-Unis, ou dans n'importe quelle armée étrangère d'ailleurs, mais, dans nos rangs, il eut un poste de commandement.

Les armées de la violence sont organisées selon la hiérarchie des grades. Mais à Birmingham, exception faite des quelques généraux et lieutenants indispensables pour diriger et coordonner les opérations, nos régiments de manifestants combattirent groupés en une phalange démocratique. Les médecins marchèrent aux côtés des laveurs de carreaux ; des avocats manifestèrent avec des blanchisseuses. Diplômés ou non, tous furent acceptés avec une parfaite équité dans le mouvement non violent.

Les professionnels de la radio ne me contrediront pas si j'affirme que les spectacles les plus réussis sont ceux qui font appel à la participation du public. Pour être quelqu'un, les gens ont besoin de sentir qu'ils font partie intégrante d'un tout. Dans l'armée non violente, il y a de la place pour tous ceux qui veulent s'y joindre. On n'y pratique pas la distinction de couleur, ni les examens, pas plus qu'on n'exige de garanties. Mais, tout comme un soldat traditionnel doit vérifier sa carabine et la nettoyer, on exige des soldats non violents qu'ils inspectent et polissent leurs armes principales : leur cœur, leur conscience, leur courage et leur sens de la justice.

Cette forme de résistance non violente eut pour résultat de paralyser et de confondre les autorités auxquelles elle s'opposait. En effet, contre un seul Noir, les autorités auraient riposté avec brutalité ; mais si cette brutalité devait s'exercer ouvertement et non plus dans les coulisses, elle devenait du même coup impuissante. Car soudain ces méthodes de répression furent prises sous les feux d'un gigantesque projecteur (comme cela arrive souvent à ceux qui tentent de s'évader). Une lumière aveuglante révéla soudain la vérité nue au monde entier. Il est vrai que certains manifestants ont eu à souffrir de violences et vrai aussi que quelques-uns d'entre eux eurent à endurer la peine capitale. Ils furent les martyrs de l'été dernier, car ils ont donné leur vie pour que cesse enfin, aux coins des ruelles sombres ou dans les arrière-salles des commissariats, le martyre des milliers d'hommes et de femmes battus, meurtris, tués sans trêve tout au long des étés passés.

Ce qui frappe, dans cette croisade non violente de 1963, c'est qu'il y ait eu si peu de manifestants atteints par les balles ou par les coups des gourdins ou des matraques. Si on y réfléchit, on constate que les oppresseurs n'étaient pas seulement retenus par le fait que le monde entier les regardait, mais aussi parce qu'en face d'eux se tenaient des centaines – et parfois des milliers – de Noirs qui, pour la première fois, osaient regarder l'homme blanc face à face. Que ce soit pour une raison de tactique plus sage ou pour une raison de conscience, bien des mains s'immobilisèrent sur le gourdin et bien des fusils se retinrent de vomir leurs flammes. Ce fut une révolution relativement peu sanglante et cela s'explique par le fait que les Noirs donnèrent leur adhésion pleine et entière à la non-violence. Cette méthode, qui s'appliqua à de vastes opérations sur tout le territoire, découragea les tentatives de violence, car parmi les combattants les uns s'y refusaient résolument et les autres étaient gênés par leur confusion, leur indécision et leur manque d'unité.

Psychologiquement, la non-violence eut une énorme importance pour les Noirs. Car en luttant pour conquérir et prouver leur dignité, ils méritaient et gagnaient leur propre estime. Il leur fallut détruire définitivement aux yeux des Blancs l'image traditionnelle du Nègre clownesque, irresponsable et convaincu de sa propre infériorité. Les masses noires adoptèrent d'emblée cette méthode, car elle incarnait un juste combat, une conviction morale et le sacrifice de leur personne. L'homme noir pouvait faire face à son adversaire et le vaincre tout en lui concédant la supériorité physique, qui avait désormais perdu tout son pouvoir.

Il est peut-être difficile de mesurer exactement ce que cela signifia pour les Noirs. Mais je suis convaincu que le courage et la dignité avec lesquels des milliers de Noirs se soumirent aux règles de la non-violence aidèrent à panser les plaies profondes de ceux qui, par millions, ne participèrent pas directement aux manifestations dans les rues, qui menaient souvent à la prison. Il n'est parfois pas besoin de participer pour se sentir concerné. Car, pour tous les Noirs de ce pays, il suffisait de s'identifier au mouvement, d'être fiers de ses dirigeants et d'y apporter leur appui moral, financier ou spirituel, pour se sentir à nouveau dignes de l'honneur et du respect qu'on leur avait ravis depuis des siècles.

IV

À la lumière du succès qui couronna la croisade de l'été dernier, on peut se demander pourquoi les Noirs mirent huit ans à tirer la leçon du boycott de Montgomery et à l'appliquer aux problèmes qui se posaient à Birmingham même et à tous les Birmingham du Nord et du Sud.

Une révolution n'engendre pas en une seule nuit sa méthodologie et sa philosophie. À dater du moment où elle prend naissance, elle est soumise à des tests rigoureux et se heurte souvent à l'opposition, au mépris et aux préjugés. Toute société possède sa vieille garde qui renâcle aux méthodes nouvelles, car les vieilles gardes portent des médailles gagnées dans des batailles dont le style a fait ses preuves. Mais l'opposition ne vient pas toujours des seuls conservateurs qui s'accrochent à la tradition : elle peut venir aussi des militants extrémistes qui rejettent pêle-mêle ce qui est nouveau ou ancien.

Bien des extrémistes se méprirent sur le sens et les intentions de la non-violence car ils n'ont pas compris que l'activisme est lui aussi l'ancêtre de la méthode non violente. Certes, ceux qui haranguent les foules aux coins des rues en exhortant le peuple noir à s'armer pour livrer enfin bataille, ceux-là suscitent les bravos. Mais quand les applaudissements se sont tus, les orateurs et les auditeurs rentrent chez eux, se couchent, et la nuit ne leur offre aucun espoir de progrès. Ils sont incapables de résoudre le problème qui leur est posé car au lieu d'un défi, c'est un appel aux armes qu'ils ont lancé, dont ils ne veulent même pas endosser la responsabilité car ils savent trop bien quel désastre s'ensuivrait. Ils sont incapables de résoudre le problème car ils appliquent à une situation négative des moyens négatifs. Enfin, ils ne peuvent rien car ils n'entraînent pas dans une action soutenue la masse suffisante et nécessaire pour attirer l'attention et emporter l'adhésion de la majorité. Les conservateurs qui disent : « Pas si vite ! », et les extrémistes qui s'écrient : « Allons-y ! Mettons le monde à feu et à sang ! » vous démontreront que leurs tendances sont diamétralement opposées. Ils ont pourtant un point commun : ils ne font rien ; car ni les uns ni les autres ne se font entendre de ceux qui ont vraiment besoin d'être libérés.

On peut se demander pourquoi, tout de suite après Montgomery, les Noirs n'adoptèrent pas la morale non violente sur un plan national : cela peut s'expliquer en partie par l'avènement d'une théorie fallacieuse qui divisa dangereusement les esprits et qui fut lancée par des gens malhonnêtes ou ignorants. Cette théorie, en effet, prétendait que l'action directe non violente avait pour but de *remplacer* toutes les autres méthodes, en s'attaquant particulièrement à l'action légale qui, jusqu'aux années 1950, avait pourtant remporté des résultats décisifs et importants. La meilleure façon de vaincre une armée, c'est de la diviser. Les Noirs, tout comme les Blancs, sont tombés dans le piège et ont déformé la réalité, les uns en défendant l'action judiciaire contre l'action directe, les autres en défendant l'action directe contre l'action judiciaire.

L'action directe ne se propose pas de remplacer le travail qui se fait dans les tribunaux ou au sein des gouvernements. Il est important d'obtenir une loi plus libérale, de la municipalité, de l'État ou du Congrès, et il est important de plaider devant les tribunaux, mais cela n'exclut pas pour autant le rôle que la masse doit jouer en criant à l'injustice devant les édifices publics. En réalité, l'action directe et l'action judiciaire se complètent et, judicieusement utilisées, peuvent se rendre mutuellement plus efficaces.

Cette observation se trouve confirmée par le déroulement chronologique des manifestations. Ainsi, celles qu'on peut appeler « opérations-restaurants », nées spontanément mais guidées par la théorie de la résistance non violente, réalisèrent l'intégration dans des centaines de communautés, en faisant évoluer très rapidement le mouvement en faveur des droits civiques. Certes, bien des communautés résistèrent victorieusement à l'intégration dans les restaurants, et accumulèrent les charges contre les manifestants. Ceux-ci remplirent les pri-

54

sons : c'était prévu et cela devait être efficace ; mais il ne fallait pas que ces soldats de la liberté soient ensuite abandonnés à leur sort ou qu'ils paient un prix excessif pour leur dévouement. Et c'est ici que pouvait intervenir l'arme légale : en l'utilisant intelligemment, on pouvait prouver que les autorités utilisaient le pouvoir de la police d'État pour soustraire les Noirs à la protection de la loi.

La plupart des cas tombaient donc sous la juridiction du quatorzième amendement. Et, en combinant ainsi l'action directe et l'action légale, on réussit à créer des précédents d'une portée considérable, qui servirent, à leur tour, à élargir l'intégration.

Mais si on n'appliqua pas tout de suite la leçon tirée de Montgomery, il y a à cela une autre raison : dans l'ensemble du pays, les gens avaient l'impression que le boycott des bus était un phénomène isolé et qu'ailleurs les Noirs ne voudraient pas pousser le sacrifice aussi loin. Et quand la tentative d'Albany, en 1962, échoua malgré les mois de démonstrations et les emprisonnements, différents rapports, dans la presse et ailleurs, annoncèrent la fin du mouvement non violent.

Il y eut des faiblesses à Albany et chacun des participants en porte sa part de responsabilité. Cependant, aucun d'entre nous ne fut assez présomptueux pour se croire parvenu à la pleine maîtrise de notre nouvelle théorie. Aucune théorie, en effet, n'a la naïveté de supposer qu'un combat révolutionnaire qui veut conquérir sa part du pouvoir peut être gagné en pressant simplement sur quelques boutons. Tout mécanisme social est fait d'êtres humains avec leurs défauts et leurs forces. Chaque échec, l'un après l'autre, leur apporte un enseignement. Ils doivent connaître la défaite aussi bien que le succès et savoir vivre dans l'un comme dans l'autre. Les vrais maîtres sont le temps et l'action.

Plus tard, en préparant la campagne de Birmingham, nous passâmes de longues heures à dresser le bilan des événements d'Albany, en essayant de tirer la leçon de ses erreurs. Non seulement cette étude rendit plus efficace notre tactique ultérieure, mais elle révéla aussi que l'expérience d'Albany fut loin d'être un fiasco total. Les restaurants restèrent ségrégationnistes, certes, mais des milliers de Noirs furent inscrits sur les listes électorales. Or, peu de temps après, l'État de Géorgie dut élire son gouverneur : deux candidats s'affrontaient, un libéral contre un ségrégationniste acharné. En raison de l'afflux de votants noirs, ce fut le libéral qui l'emporta dans la ville d'Albany, laquelle contribua à son élection comme gouverneur. Et c'est ainsi que la Géorgie eut pour la première fois un gouverneur prêt à respecter et à appliquer équitablement la loi.

À Albany, notre mouvement avait perdu une bataille, mais non pas la guerre. Pour éviter l'intégration, les autorités municipales avaient été obligées de supprimer certains lieux publics tels que parcs, bibliothèque, lignes d'autobus. Afin d'opposer un barrage à notre progrès, les autorités se paralysaient elles-mêmes en privant la population blanche de ces agréments. Quelqu'un fit observer que Samuel Johnson avait appelé les parcs « les poumons de la cité » et qu'il faudrait bien qu'Albany respire de nouveau librement, dût l'air subir lui aussi l'intégration !

Même si la résistance non violente avait essuyé une défaite complète à Albany, l'empressement avec lequel fut sonné le tocsin devait paraître suspect. Enterrer notre méthode tambours battants, c'était faire preuve d'agressivité plus que de jugement. Car, en fait, Albany avait montré l'énorme proportion de la réponse noire à l'appel de la non-violence. Environ 5 % de la population noire alla de plein gré en prison. Si on appliquait ce pourcentage à la ville de New York, il faudrait y emprisonner cinquante mille Noirs. Si un peuple est capable de trouver dans ses rangs 5 % de ses hommes prêts à aller volontairement en prison pour une cause qu'ils croient juste, alors aucun obstacle ne pourra l'arrêter.

Mais si nos adversaires ont commis l'erreur de prendre nos échecs temporaires pour une défaite définitive, nos adhérents ne doivent pas non plus s'exagérer la puissance de l'action non violente. Quand nous parlons de remplir les prisons, il est entendu que c'est une tactique qui doit être appliquée avec une certaine souplesse. Car aucun des responsables ne peut promettre de remplir à la fois toutes les prisons du pays à n'importe quel moment. Et les leaders ne font preuve que de grandiloquence s'ils entraînent leur peuple au sacrifice total sans avoir préalablement examiné à fond toutes les données du problème. Pour pouvoir remplir les prisons, il faut que des milliers de gens quittent leur travail, au risque de le perdre, qu'ils abandonnent leur part de responsabilités, qu'ils risquent d'être dépassés par des expériences psychologiquement très dures, auxquelles des gens habituellement respectueux de l'ordre ne sont pas préparés. Tel est le miracle de la non-violence : il se mesure aux sacrifices que lui consentent ses partisans, répondant à un appel raisonné.

Les Noirs sont des hommes, pas des surhommes. Ils ont eux aussi des personnalités différentes, des intérêts financiers ou des aspirations diverses et variées. Certains Noirs refuseront toujours de se battre pour la liberté, d'autres tenteront de tirer un profit personnel du combat commun. D'autres iront même jusqu'à collaborer avec leurs oppresseurs. Il n'y a pas lieu de s'en désespérer. Toutes les minorités, tous les peuples ont leurs opportunistes, leurs profiteurs, leurs trafiqueurs et leurs lâches. Il est normal que le poids de la discrimination, de la misère et de la ségrégation ait perverti et corrompu certains d'entre nous. Ce n'est pas parce qu'un peuple est opprimé que chacun de ses membres est pour autant paré de toutes les vertus. Il suffit de savoir que la multitude possède les qualités dominantes de la décence, de l'honneur et du courage.

V

Il n'y a pas, dans tout le pays, d'endroit comparable à Birmingham. Au titre de plus grande ville industrielle du Sud, Birmingham avait ajouté, dans les années 1930, un autre titre de célébrité : à l'époque où les syndicats cherchaient à s'organiser, elle avait été le théâtre d'un carnage particulièrement sanglant. Dans cette communauté, les droits humains avaient été écrasés pendant si longtemps qu'on y respirait la peur et l'oppression autant que la fumée des usines. Sa structure politique, étroitement mêlée aux intérêts financiers, s'étendait dans tout le Sud et avait même des ramifications dans le Nord.

On ne pouvait choisir de meilleur terrain d'essai pour y lancer une campagne d'action non violente. Au cours de l'été 1963, on vit un peuple armé du seul instrument pacifique de la non-violence mater les ségrégationnistes les plus puissants, les plus expérimentés et les plus implacables de tout le pays. Birmingham sortit de l'expérience nantie d'une paix fragile encore, mais sans attendre la mise en place de cette nouvelle existence les Noirs reprirent l'arme qui avait conquis cette paix et se répandirent dans tout le pays.

La victoire de l'action directe non violente était désormais un fait acquis. On avait vu, à Birmingham, parvenir à maturité la foi en ses méthodes. En conséquence, la forme de la lutte pour les droits civiques allait subir un changement fondamental. La non-violence avait passé le test de l'acier dans la chaleur de l'émeute. L'unité de la ségrégation sudiste fut le marteau ; Birmingham fut l'enclume.

CHAPITRE III

Birmingham, fief de Bull Connor

I

Si vous aviez séjourné à Birmingham avant le 3 avril 1963, qui marqua le centenaire de l'émancipation des Noirs, vous auriez fait des constatations surprenantes. Vous auriez pu croire, par exemple, que depuis des dizaines d'années, cette ville dormait d'un sommeil aussi profond que celui de Rip Van Winkle[1] et que les autorités n'avaient apparemment jamais entendu parler d'Abraham Lincoln, de Thomas Jefferson, des droits civiques, du préambule de la Constitution, des treizième, quatorzième et quinzième amendements, ou de la décision de la Cour suprême des États-Unis condamnant la ségrégation dans les écoles publiques.

À supposer que vous soyez doué d'une imagination assez vive pour vous mettre à la place d'un Noir né et élevé à Birmingham, voici comment vous

---

1. Personnage d'un conte de Washington Irving *(N.d.T.)*.

auriez pu tracer les grandes lignes de votre existence :

Vous seriez né dans un hôpital « nègre » de parents vivant probablement en ghetto et vous fréquenteriez une école « nègre ». Car il est inexact de dire que les autorités n'avaient pas entendu parler de la décision de la Cour suprême au sujet de l'intégration scolaire ; elles la connaissaient parfaitement mais étaient tranquillement passé outre, et leur position fut parfaitement définie par un haut fonctionnaire qui affirma que le sang coulerait dans les rues de Birmingham avant que l'intégration y soit admise.

En faisant les courses avec vos parents, vous auriez pu vous approcher de tous les comptoirs pour y faire vos emplettes sauf d'un, qui leur était interdit : si vous aviez faim ou soif, il vous fallait attendre d'être de retour dans le quartier « nègre » car, à Birmingham, c'était un délit de servir des Noirs au même endroit que les Blancs.

Si les vôtres étaient croyants, vous fréquentiez une église « nègre ». Et s'il vous avait pris l'envie de visiter une église blanche, vous auriez été fort mal reçu. Car, tout en se considérant comme chrétiens, vos concitoyens pratiquaient la ségrégation avec autant de rigueur dans la maison de Dieu qu'au théâtre.

Si vous aimiez la musique et désiriez entendre le Metropolitan Opera lors d'une de ses tournées, vous ne pouviez avoir ce privilège – pas plus que vos concitoyens blancs, d'ailleurs ; le Metropolitan refusait en effet de venir à Birmingham depuis qu'il avait décidé de ne plus donner de représentations devant une salle non intégrée.

Il vous était impossible de vous inscrire à l'Association nationale pour l'avancement des gens de couleur et d'y militer sur le plan local. En Alabama, en effet, les autorités avaient réussi à interdire les activités de la NAACP sous le prétexte qu'il s'agissait d'un mouvement étranger, donc illégal.

Si vous vouliez trouver du travail dans cette ville qui est l'un des plus grands centres sidérurgiques du pays, il fallait vous contenter des tâches les plus humbles : commis ou manœuvre. Une fois engagé – par bonheur –, vous pouviez être sûr que toutes les promotions ou augmentations seraient offertes à vos collègues blancs sans qu'il soit tenu compte de vos aptitudes respectives. À l'usine, vous deviez utiliser le réfectoire et les lavabos portant l'écriteau « gens de couleur », selon le règlement en vigueur dans toute la ville.

Si vous aviez la naïveté de croire vos livres d'histoire et d'imaginer qu'en Amérique les gouvernements municipaux, fédéraux ou nationaux sont élus par les citoyens, vous perdiez vite vos illusions en essayant d'exercer vos droits d'inscription sur les listes électorales. Et en voulant accomplir le devoir le plus important d'un Noir américain, vous en auriez été empêché par tous les obstacles possibles. Avant le mois de janvier 1963, sur quatre-vingt mille votants à Birmingham, on comptait dix mille Noirs : ceux-ci, qui représentent les deux cinquièmes de la population, ne comptaient qu'un huitième des électeurs.

Vous viviez donc dans une ville où la brutalité envers les Noirs était une réalité admise, qui ne se discutait même pas. L'un des principaux fonctionnaires municipaux se nommait Eugène Connor, surnommé « Bull [1] ». Directeur de la Sécurité publique, ce raciste s'enorgueillissait d'avoir les Noirs bien en main et de savoir les « faire rester à leur place ». Par sa fonction, Bull Connor jouissait d'une position solide à Birmingham, qui lui permit pendant longtemps d'afficher autant de mépris pour les droits des Noirs que pour l'autorité du gouvernement fédéral.

La violence et la brutalité étaient de règle. Des racistes avaient pu menacer, malmener et même tuer des Noirs en toute impunité. Parmi les exemples les plus atroces de la terreur qui régnait à Birmingham, citons le cas de ce Noir qui fut châtré et dont le corps mutilé fut abandonné sur une route déserte. Aucun foyer noir n'était à l'abri d'une bombe ou d'un incendie. De 1957 à janvier 1963, alors que Birmingham proclamait que sa population noire était « satisfaite de son sort », on dénombra dix-sept églises et maisons habitées par des leaders noirs détruites par les bombes.

Les Noirs n'étaient pas les seuls à souffrir de la férule de Connor. Car ce fut lui qui, en 1961, arrêta le gérant du dépôt d'autobus qui avait voulu obéir à la loi fédérale en admettant les Noirs aussi bien que les Blancs. Connor fut sévèrement réprimandé

_____

1. Signifie en anglais « taureau » *(N.d.T)*.

par un juge fédéral, certes, et la victime fut relâchée, mais il n'en resta pas moins que, en 1963, à Birmingham aucun lieu public n'était encore intégré, sauf les autobus, les chemins de fer et l'aéroport.

Birmingham, sous le règne de Bull Connor, se distingua en faisant arrêter un sénateur venu prononcer un discours, parce qu'il avait emprunté une porte réservée aux « *coloured* ».

Dans le fief de Bull Connor le mot d'ordre qu'on ne prononçait jamais était la peur, une peur qui n'atteignait pas seulement les opprimés, mais aussi les oppresseurs. Mais pour ceux-là, la peur se mêlait de honte ; ils craignaient aussi le changement, peur ancestrale qui poursuit tous ceux qui se sont laissé figer dans la réaction. Beaucoup redoutaient aussi l'ostracisme social. Il y avait également à Birmingham des Blancs modérés qui désapprouvaient la politique de Bull Connor. Il y avait, bien sûr, de respectables citoyens blancs qui déploraient, au fond d'eux-mêmes, les sévices subis par les Noirs. Mais, en public, ils restaient muets. Leur silence était engendré par la peur – peur de représailles sociales, économiques et politiques. La plus grande tragédie de Birmingham ne fut pas la brutalité des méchants, mais le silence des bons.

À Birmingham, vous viviez dans une communauté où la tenace tyrannie de l'homme blanc avait abattu les vôtres, leur faisant à la longue perdre tout espoir et les persuadant peu à peu d'un dangereux sentiment d'infériorité. Vous viviez dans une ville où les représentants de l'autorité économique et politique allaient jusqu'à refuser même de discuter de la justice sociale avec les leaders de votre peuple.

Vous viviez, en somme, dans le plus important État policier, dont le gouverneur – George Wallace – avait pris comme devise : « Ségrégation maintenant, ségrégation demain, ségrégation toujours ! » Vous viviez, en fait, dans la ville des États-Unis où la ségrégation était la plus totale.

II

Mais ce règne de la suprématie blanche à Birmingham était menacé. À la suite du boycott des bus à Montgomery, différents mouvements de protestation étaient nés en divers points du Sud. À Birmingham, dès le printemps 1956, le révérend Fred Shuttlesworth, l'un des héros de notre cause, avait fondé le Mouvement chrétien d'Alabama en faveur des droits de l'homme (ACMHR [1]). Nerveux, énergique, intraitable, Shuttlesworth avait décidé de mettre fin une fois pour toutes au terrorisme et au racisme de règle sous le règne de Bull Connor.

Au début, Bull Connor considéra l'organisation de Shuttlesworth – qui devait devenir l'une des quatre-vingt-cinq branches de notre Southern Christian Leadership Conference (SCLC) – comme un

---

1. Alabama Christian Movement for Human Rights *(N.d.T.)*.

groupe insignifiant de ces *nègres* agaçants. Mais bientôt Connor lui-même dut se rendre à l'évidence : Shuttlesworth n'était pas un plaisantin. Son mouvement prit de l'extension au cours des mois suivants et devint le principal mouvement populaire des Noirs de Birmingham. Chaque semaine des réunions générales eurent lieu dans différentes églises : on s'y écrasait. Le ACMHR entreprit alors un travail judiciaire qui avait pour but de contraindre la ville à abandonner sa politique ségrégationniste. On entama un procès pour que les lieux d'agrément publics soient ouverts à tous les citoyens de Birmingham. Et c'est justement parce qu'elles perdirent ce procès que les autorités de Birmingham décidèrent de fermer les parcs et les terrains de jeu, plutôt que d'y admettre les Noirs, qui auraient participé aux frais d'entretien au même titre que les Blancs.

Au début de 1962, les étudiants de Miles College entreprirent le boycott systématique de certains magasins blancs. Shuttlesworth et d'autres responsables du ACMHR se joignirent à eux et les aidèrent à mobiliser un grand nombre de citoyens noirs : il s'agissait de refuser d'utiliser les magasins qui étalaient les écriteaux « Nègres » ou qui n'employaient des Noirs que pour les basses besognes, qui refusaient d'augmenter leur personnel noir ou refusaient de servir les Noirs dans leurs snacks. Cette opération eut pour résultat de faire baisser le chiffre d'affaires de 40 % dans certains magasins de la ville. Fred avait entrepris là une croisade active, mais Birmingham et Bull Connor à sa tête se battirent becs et ongles pour maintenir les choses telles qu'elles étaient.

En tant qu'organisation affiliée à l'ACMHR, la Southern Christian Leadership Conference d'Atlanta avait suivi d'un œil attentif et admiratif la lutte ascendante de Fred Shuttlesworth. Nous savions que dans cette bataille il avait déjà payé de sa personne. Il avait en effet fait plusieurs séjours en prison, et sa maison et son église avaient été durement endommagées par des bombes. Mais il avait tenu bon. L'audacieux défi lancé à Bull Connor par ce pasteur courageux était devenu un exemple célèbre que l'on citait dans tout le Sud pour encourager les Noirs.

En mai 1962, une importante assemblée de la SCLC se réunit à Chattanooga. Nous envisageâmes alors sérieusement de nous joindre au mouvement de Shuttlesworth en organisant une campagne massive d'action directe pour mettre fin à la ségrégation à Birmingham. Par une étrange coïncidence, nous avions déjà décidé que c'était à Birmingham que nous tiendrions notre convention annuelle de septembre. Tout de suite après le meeting de Chattanooga, certaines rumeurs répandirent la nouvelle que la SCLC avait décidé de soutenir Fred Shuttlesworth en montant une longue campagne à Birmingham au moment de la convention. Ces rumeurs firent tant de bruit que la presse s'en mêla et que, pour la première fois, les hommes d'affaires de Birmingham, qui jusqu'ici avaient superbement ignoré toutes les demandes d'intégration, se sentirent concernés par ce qui se passait et décidèrent qu'il leur faudrait prendre des mesures draconiennes pour endiguer une vague de protestations d'une telle envergure.

Mais bien avant la mise sur pied du programme de notre convention, ces hommes d'affaires prirent contact avec l'ACMHR. Constitué en comité, le Senior Citizens Committee rencontra les responsables de l'ACMHR : il y avait Shuttlesworth, le Dr Lucius Petit, directeur de Miles College ; A. G. Gaston, grand businessman et propriétaire du Gaston Motel ; Arthur Shores, juge d'une grande expérience en matière de droits civiques ; le révérend Edward Gardner, vice-président de l'ACMHR, et le courtier d'assurances John Drew. À la suite d'une série de réunions, les deux groupes parvinrent à un accord de base. Tout d'abord, certains commerçants acceptèrent de supprimer les écriteaux « Nègres » de leurs établissements et il faut reconnaître que beaucoup tinrent parole. Allant plus loin, les Blancs acceptèrent de se joindre à l'ACMHR pour intenter un procès dans le but de supprimer les règlements municipaux interdisant l'intégration aux bars-restaurants des grands magasins. Une petite fêlure venait d'entamer la forteresse de Birmingham.

Malgré sa défiance quant à la durée de telles promesses, le groupe noir décida de donner aux commerçants l'occasion de prouver leur bonne foi. Shuttlesworth, dans une conférence de presse, annonça que les boycotts et les manifestations étaient provisoirement suspendus. Pour protéger la position de l'ACMHR, il expliqua que la SCLC tiendrait sa convention annuelle à Birmingham, comme prévu, et que, si les accords établis avec les dirigeants économiques étaient violés, lui-même ferait appel à la SCLC pour l'aider à lancer une large campagne de protestation.

Bull Connor prononça des déclarations inquiétantes au sujet de notre prochaine assemblée. Mais, voyant qu'il ne faisait peur à personne, il tenta d'intimider la presse en annonçant que les cartes de presse des journalistes « étrangers à Birmingham » leur seraient retirées. Évidemment, Connor sentait qu'il fallait éviter de porter le problème à l'échelon national, si on voulait maintenir les bastions de la ségrégation à Birmingham.

La convention de la SCLC eut lieu en septembre, comme prévu. Mais, peu de temps après, on vit se vérifier les craintes de Fred Shuttlesworth : dans tous les magasins, les écriteaux « Nègres » réapparurent. Le bruit se répandit que les commerçants avaient été obligés de les remettre car Bull Connor les avait menacés de leur retirer leurs patentes. Fred, quant à lui, était certain que les commerçants n'avaient jamais eu l'intention de tenir leurs promesses ; ils s'étaient apparemment inclinés, pendant quelque temps, uniquement pour éviter toute manifestation lors de la présence de la SCLC dans la ville. À la suite d'une série de conversations téléphoniques entre Birmingham et Atlanta, nous parvînmes à la conclusion qu'il ne nous restait pas d'autre solution que de mettre en branle notre programme de campagne directe.

III

Fred Shuttlesworth et moi étions persuadés que cette campagne à Birmingham serait la plus rude de toute notre carrière en faveur des droits civiques, mais nous sentions aussi que si nous gagnions, nous parviendrions peut-être à briser enfin la ségrégation dans le pays tout entier. Notre victoire dans cette ville, qui symbolisait depuis toujours l'intolérance raciale, nous permettrait sans doute de mobiliser des forces capables de changer le cours de notre lutte pour la liberté et la justice. Convaincus de l'importance du travail à faire à Birmingham, nous décidâmes de le préparer très soigneusement, tant sur le plan tactique que sur le plan spirituel. Nous commençâmes à préparer un document ultra-secret intitulé « plan C ». Nous avions choisi la lettre « C » car nous pensions que cette bataille serait la *Confrontation* de Birmingham avec la justice et la morale, dans le domaine des relations raciales.

J'organisai ensuite dans notre centre d'entraînement situé près de Savannah, en Géorgie, trois journées de retraite et de travail avec l'état-major et le bureau de la SCLC. Il nous fallait établir un programme chronologique et examiner toutes les éventualités. En analysant ce qui s'était passé à Albany, nous comprîmes que nous avions eu le tort d'éparpiller nos efforts. En voulant attaquer la ségrégation en général, nous n'avions pas dirigé efficacement notre action sur un point précis. En conclusion, nous convînmes que dans des endroits aussi

endurcis que Birmingham, où le système de ségrégation est solide et compliqué, il fallait engager la
bataille sur un seul point. Il fut donc décidé de
centrer la campagne de Birmingham sur le milieu
commercial : nous savions en effet que le pouvoir
d'achat des Noirs était suffisant pour que leur abs-
tention puisse être ressentie par une baisse sensible
de bien des affaires. Les magasins pourvus de
snack-bars furent notre premier objectif, car il est
particulièrement humiliant, pour un Noir, de voir
qu'on accepte son argent à tous les rayons, sauf au
bar. Plus qu'une nécessité, la nourriture est un symbole, et notre campagne contre les bars avait, outre
sa valeur pratique, une importance symbolique.

Quinze jours après cette retraite, je me rendis
moi-même à Birmingham en compagnie de mon
assistant, le révérend Wyatt Tee Walker, et de mon
fidèle ami et vieux compagnon des jours de Montgomery, le révérend Ralph Abernathy, trésorier de
la SCLC. Là, nous prîmes contact avec le bureau
de l'ACMHR pour les aider à préparer leur communauté noire en vue de ce qui allait être une
longue, difficile et dangereuse campagne.

Notre lieu de réunion fut le Gaston Motel, situé
dans la Cinquième Avenue Nord du quartier noir.
L'appartement que nous occupions, Fred et moi,
portait le numéro 30 et il est maintenant célèbre :
c'est là en effet que fut installé notre quartier
général et nous y préparâmes toute la stratégie des
opérations. Plus tard, il devait être bombardé au
cours de la célèbre et tragique nuit du samedi
11 mai, à la veille de la fête des Mères.

La première décision à prendre était le choix de la date à laquelle devait être lancé le plan C. Puisque nous voulions faire pression sur les commerçants, il nous sembla qu'il fallait choisir pour notre campagne les environs de Pâques – seconde grande saison commerciale de l'année. Cette année-là, Pâques était le 14 avril et en commençant début mars, nous disposions de six semaines pour préparer la communauté. Or on nous rappela à ce moment-là que le 5 mars devait avoir lieu l'élection du nouveau maire de Birmingham.

Trois candidats se présentaient : Albert Boutwell, Eugène « Bull » Connor et Tom King, tous trois ségrégationnistes dont le programme pourrait se résumer en gros par le maintien du *statu quo*. Mais en comparaison de Connor, King et Boutwell étaient considérés comme modérés. Nous souhaitions tous la défaite complète de Connor afin de ne pas avoir affaire à lui. Mais comme nous ne voulions pas que notre campagne serve de tremplin politique, nous décidâmes de l'ajourner et de commencer les manifestations quinze jours après l'élection.

Wyatt Walker fut désigné pour préparer, sur place, les différents rouages de la campagne. Il fit de fréquents séjours impromptus à Birmingham pour organiser des troupes mobiles et jeter les bases d'un boycott intensif. Il interrogea des avocats sur les lois en vigueur au sujet des piquets de grèves, des manifestations, etc., réunit quelques données sur les éventuelles possibilités de cautions, bref il mit tout en place avant de recevoir l'ordre de marche.

Avant de passer à la formation de nos recrues et de leur enseigner les techniques du boycott non violent des magasins, Wyatt se familiarisa personnellement avec la ville : il releva le plan des rues principales et de nos points de repère (magasins désignés, hôtel de ville, poste, etc.) et, en outre, il étudia soigneusement chacun des comptoirs désignés, notant les différentes entrées principales ou secondaires. Il alla même jusqu'à dénombrer le nombre de tabourets et de chaises, afin de déterminer le nombre exact de manifestants pour chaque magasin. Il prit également la précaution d'étudier certains points secondaires qui seraient utilisés au cas où nous ne pourrions atteindre notre premier objectif. Le 1er mars, le plan était prêt à fonctionner et on mettait en place les derniers morceaux du puzzle. Deux cent cinquante personnes s'étaient portées volontaires pour participer aux premières démonstrations et elles avaient accepté pour cela de passer au moins cinq jours en prison.

Les choses en étaient là quand l'élection du 5 mars posa soudain un sérieux problème. Aucun candidat n'était élu car il y avait ballottage. Le second tour des élections était prévu pour la première semaine d'avril. Nous espérions qu'il y aurait ballottage entre Boutwell et King, mais il se trouva que ce fut entre Connor et Boutwell.

Une fois de plus il nous fallut réviser notre plan. Si nous avions bougé avant le jour des élections, Connor n'aurait pas hésité à se servir de nous, utilisant le choc émotionnel en faveur de sa politique personnelle et il en aurait profité pour démontrer au cours de sa campagne que lui, et lui seul, pouvait protéger la communauté blanche et maintenir la politique officielle de ségrégation. En définitive, au lieu de combattre Connor, nous l'aurions aidé. À contrecœur, nous décidâmes d'ajourner les manifestations jusqu'au lendemain du second tour. Il nous fallait agir vite si nous voulions influencer la balance commerciale de la saison de Pâques.

Nous quittâmes Birmingham fort découragés, car nous nous rendions compte que ce second retard risquait de compromettre les chances de succès que notre travail en profondeur avait si soigneusement préparées. Nous laissions derrière nous deux cent cinquante volontaires qui s'étaient enrôlés dans nos rangs, prêts à risquer la prison. Il nous fallait maintenant interrompre pendant quelques semaines tout contact avec nos recrues. Car nous n'osions rester puisqu'il était entendu qu'aucun membre de la SCLC ne devait venir à Birmingham avant la fin des élections.

Entre-temps, je m'occupai d'un autre aspect des préparatifs : en effet, en raison des énormes difficultés qui nous attendaient, nous avions senti le besoin de nous assurer l'appui d'un certain nombre de personnalités. Nous adressâmes donc des lettres confidentielles à l'Association nationale pour l'avancement des gens de couleur, au Congrès de l'égalité raciale, au Comité de coordination des étudiants non violents et au Conseil régional du Sud, pour leur faire part de nos projets et leur apprendre que nous pourrions avoir besoin de leur aide.

À New York, Harry Belafonte, vieil ami et ardent supporter de la SCLC, accepta de tenir une réunion dans son appartement. Il y vint environ soixante-quinze New-Yorkais appartenant à toutes les catégories : des journalistes (qui s'étaient engagés à ne rien publier avant le déclenchement de la campagne), des membres du clergé, des représentants des carrières commerciales et libérales et des représentants officieux des cabinets du maire Wagner et du gouverneur Rockefeller.

Fred Shuttlesworth et moi-même exposâmes les problèmes qui se posaient déjà à Birmingham et ceux que nous prévoyions. Nous expliquâmes pourquoi nous avions ajourné notre campagne jusqu'à la fin des élections et pourquoi nous pensions nécessaire de continuer, quelle que soit l'issue des élections. Encore marqué des cicatrices des précédentes batailles, Shuttlesworth fit soudain peser sur ce paisible salon de New York le sentiment du danger et de l'urgence de notre croisade. Presque tous les participants avaient déjà travaillé avec la SCLC, mais quand Shuttlesworth déclara : « Avant d'avoir le droit de vivre, il vous faut être prêts à mourir », il y eut un grand silence, de ceux qui suivent les grandes prises de conscience.

À la fin, la question fut unanime : « Dites-nous ce que nous pouvons faire pour vous aider ? »

Nous répondîmes que nous aurions besoin d'énormément d'argent pour les cautions et que nous risquions d'avoir besoin de réunions publiques pour nous soutenir. Harry Belafonte organisa sur-le-champ un comité et dès ce soir-là de l'argent fut versé. Pendant les trois semaines qui suivirent cette réunion, Belafonte, qui s'engage toujours à fond dans ce qu'il fait, dépensa son temps sans compter pour mobiliser des hommes et collecter de l'argent. Au cours de la campagne, il réussit à prendre contact trois fois par jour avec moi-même ou avec l'un de mes assistants. On ne dira jamais assez le rôle que joua ce grand artiste dans la croisade de Birmingham.

Nous tînmes de semblables réunions avec deux de nos organisations les plus solides, la Western Christian Leadership Conference à Los Angeles, et la Virginia Christian Leadership Conference à Richmond. Toutes deux s'engagèrent à donner leur appui inconditionnel à la campagne. Plus tard, la Western Conference, aidée de la NAACP et d'autres organisations locales, devait réunir la somme la plus importante jamais réunie d'un seul coup pour la SCLC – soixante-quinze mille dollars. Parmi les hommes qui assistèrent à ces conférences, beaucoup vinrent grossir nos rangs pendant la crise.

Une fois ces contacts établis, il fut temps pour nous de retourner à Birmingham. L'élection devait avoir lieu le 2 avril et nous fîmes le voyage cette nuit-là. Dès notre arrivée, nous essayâmes de convoquer nos deux cent cinquante volontaires pour une réunion impromptue. Nous réussîmes à en toucher soixante-cinq. Le lendemain, avec cette modeste troupe, nous lancions la campagne d'action directe à Birmingham.

CHAPITRE IV

Un jour nouveau se lève sur Birmingham

I

Le mercredi 3 avril 1963, sur le numéro du *News* qui apparut dans tous les kiosques de Birmingham, s'étalait en première page un dessin en couleurs représentant un soleil doré se levant sur la ville. Texte de la légende : « Un Jour nouveau se lève sur Birmingham. » C'était la célébration de la victoire d'Albert Boutwell, élu maire au second tour des élections. D'après le titre de l'article, on pouvait s'attendre maintenant à ce que la lumière de l'harmonie raciale éclaire la ville. Comme devaient le montrer les événements qui suivirent, Birmingham entrait dans une ère nouvelle ; mais l'élection de Boutwell n'y était pour rien.

Malgré l'optimisme général dont la presse se fit l'écho, nous étions, nous, persuadés qu'Albert Boutwell n'était, selon l'expression appropriée de Fred Shuttlesworth, « qu'un Bull Connor aux allures dignes ». En tant que sénateur de l'État et adjoint du gouverneur, il avait été, nous le savions,

l'un des principaux instigateurs de la Pupil Placement Law en Alabama. Dans la déclaration qu'il
fit quelques jours après son élection, il s'écria :
« Nous, citoyens de Birmingham, nous nous res-
pectons et nous comprenons mutuellement ! »,
montrant par là qu'il ne comprenait rien aux deux
cinquièmes des citoyens de Birmingham, pour qui
la ségrégation, même polie, n'est pas le respect.

Cependant, en dépit des résultats du second tour,
les fonctionnaires municipaux, parmi lesquels Bull
Connor, déclarèrent que légalement ils avaient le
droit de rester en place jusqu'en 1965. Ils portèrent
l'affaire devant les tribunaux et refusèrent, en atten-
dant, de quitter leurs bureaux de l'hôtel de ville.
S'ils gagnaient leur procès (et c'était théoriquement
possible en raison des conflits juridiques propres à
Birmingham), ils resteraient en place pour deux
ans. S'ils perdaient, leur mandat n'expirait que le
15 avril, lendemain de Pâques. Donc, dans l'un et
l'autre cas, nous étions condamnés à opérer dans
une ville régie littéralement par deux gouvernements.

Pour les premiers jours, nous avions décidé de
limiter nos efforts aux occupations de terrains.
Nous savions que la lutte serait longue et sentions
qu'il valait mieux se contenter de débuts modestes
et d'un petit nombre d'arrestations quotidiennes.
Cette économie de forces nous permettrait plus tard
de fortifier et d'amplifier la campagne. Les premières manifestations furent donc peu spectaculaires, mais elles furent bien organisées. Suivant un
horaire précis, plusieurs petits groupes firent le

siège d'une série de snack-bars dans les magasins du centre. Les manifestants, priés de quitter les lieux, refusèrent et furent arrêtés sous l'inculpation de « persistance au délit après avertissement ». Le vendredi soir, on ne signalait encore aucun trouble notable. Évidemment, Bull Connor et les commerçants étaient bien loin de se douter que ces modestes débuts allaient donner naissance à une opération de grande envergure.

Le soir du premier jour, nous eûmes une réunion publique, la première des soixante-cinq réunions qui se tinrent, de nuit, dans différentes églises du quartier noir. Elles nous permirent d'approfondir et de consolider la force qui devait galvaniser finalement la communauté noire tout entière. Ces réunions se déroulaient suivant un plan défini et étaient toujours dirigées par quelques-uns des meilleurs membres du mouvement en faveur des droits civiques. Ralph Abernathy, avec son caractère exceptionnel fait d'humour et d'ardeur, a véritablement le don d'enthousiasmer profondément son public. Lorsqu'il se plante derrière le lutrin, ses auditeurs ne peuvent s'empêcher d'être séduits par sa silhouette trapue et puissante et par son visage jovial ; il conquiert leur confiance. Quant à Wyatt Walker, maigre et le nez chaussé d'éternelles lunettes, il apportait à nos réunions le don de sa jeunesse, de son énergie et de son courage inépuisable. Les assistants connaissaient depuis longtemps et admiraient son extraordinaire travail en coulisses, d'organisateur de la campagne. Mais Fred Shuttlesworth jouissait de la faveur spéciale du public : à cause, sans doute, de ses discours enflammés et de son zèle sans relâche, mais surtout parce qu'on savait que ce qu'il demandait à son peuple, lui-même était prêt à le faire. La première semaine, je fus très occupé et ne pus prendre une part active aux manifestations, mais au cours de ces réunions nocturnes j'expliquai la doctrine de la non-violence et ses méthodes. Parfois, des orateurs locaux prirent la parole pour décrire les injustices et les humiliations que peut subir un Noir à Birmingham et nous eûmes aussi parfois la visite occasionnelle de quelques personnalités de passage, qui nous apportèrent leur réconfort et leur promesse de soutien.

On réservait aussi une grande part de nos réunions aux chants de la liberté qui, en un sens, sont l'âme de notre mouvement. Ce ne sont pas de simples incantations dont les slogans servent à tonifier une campagne ; leur histoire est aussi vieille que celle du Noir américain, car ils sont l'adaptation moderne des chansons que chantaient les esclaves – complaintes de désespoir ou explosions de joie, ce sont nos chants de guerre, les antiennes de notre mouvement. On souligne généralement leur rythme syncopé, mais quant à nous, nous puisons notre inspiration dans les paroles. Cette simple phrase : « Ce matin, en me réveillant, j'ai pris le parti de la liberté », n'a guère besoin du support de la musique pour atteindre son but. Ces chants de la liberté, nous les chantons aujourd'hui pour la même raison qu'autrefois les esclaves : nous vivons nous aussi dans l'asservissement et ces chants nous encouragent et nous redonnent l'espoir :

> « Un jour nous vaincrons, Blancs et Noirs réunis,
> Un jour nous vaincrons... »

Il m'est arrivé, au cours d'une réunion, de me joindre aux jeunes gens pour chanter : « Personne ne me fera faire demi-tour. » Et pour nous, c'était plus qu'un chant, c'était une résolution que nous prenions car quelques instants plus tard j'ai vu ces mêmes jeunes gens refuser de faire demi-tour malgré la menace d'un chien policier, d'un belliqueux Bull Connor à la tête d'hommes armés de lances à incendie. Oui, ces chants nous unissent, nous redonnent confiance et nous aident dans notre marche commune.

À la fin de ces réunions publiques, nous lancions, Abernathy, Shuttlesworth ou moi, le traditionnel appel aux volontaires. Nous insistions sur le fait que nous n'enverrions personne en opération sans qu'il soit sûr – et nous aussi – d'être capable de supporter la violence sans riposte. En même temps, nous enjoignions aux volontaires de se séparer de toutes les armes – quelles qu'elles soient – en leur possession. Des centaines de gens répondaient à notre appel. Ceux qui avaient des couteaux de poche, des couteaux à six lames ou autres, n'avaient pas l'intention de s'en servir contre les policiers ou ceux qui les attaquaient ; ils voulaient seulement pouvoir se défendre contre les chiens de M. Connor ! Nous leur démontrâmes que nous n'avions nul besoin d'arme, pas même d'un cure-dent, puisque nous possédions l'arme suprême : la conviction de notre bon droit. Savoir qu'il nous importait plus de gagner notre juste cause que de sauver notre peau suffisait à nous protéger.

Ces moments d'exhortation ressemblaient beaucoup aux exhortations que chaque dimanche matin les pasteurs noirs lancent à ceux qui brûlent d'être reçus dans l'église et de se joindre aux fidèles. Par vingtaines, par trentaines, les gens se pressaient pour grossir les rangs de notre armée. Car nous n'avions pas hésité à baptiser notre mouvement du nom d'armée, bien que ce fût une armée très particulière, nourrie de sa seule sincérité, vêtue de sa seule détermination, armée de sa seule foi, riche de sa seule conscience. Elle allait avancer mais ne blesserait pas, elle allait chanter mais n'assassinerait personne, elle allait se défendre mais ne flancherait pas. Son but était de dévaster les bastions de la haine, de faire le siège des forteresses de la ségrégation, d'encercler les symboles de la discrimination. Notre armée avait fait serment d'allégeance à Dieu, et la voix de sa conscience dans sa simple éloquence lui dictait la marche à suivre.

Au fur et à mesure que nos réunions se succédaient et que la bataille dont l'âme de Birmingham était l'enjeu prenait de l'ampleur, attirant sur elle l'attention mondiale, il y avait de plus en plus de monde à nos assemblées. Des hommes, des femmes, des enfants, une véritable foule venait vers nous pour nous serrer la main avant de refluer vers le fond de l'église où notre Comité directeur d'entraînement (Leadership Training Committee) leur fixait rendez-vous pour le lendemain dans nos bureaux. Là s'opérait une sorte de triage avant l'entraînement intensif.

La plupart de ces séances d'entraînement étaient consacrées aux sociodrames destinés à préparer les futurs manifestants à faire face à certaines provocations. On y dépeignait franchement les abus, tant verbaux que physiques, de la police et de ceux qui s'instituent gardiens bénévoles de la loi, et les règles de l'action non violente à observer, à savoir résister sans agressivité, encaisser les injures sans répliquer et se laisser rouer de coups sans en rendre un seul. L'équipe de la SCLC qui dirigeait ces séances jouait son rôle avec une conviction née de l'expérience. Il y avait le révérend James Lawson, renvoyé il y a quelques années de l'université de Vanderbilt en raison de ses activités en faveur des droits civiques, et qui expose mieux que personne le credo non violent ; le révérend James Bevel, dirigeant expérimenté de plusieurs campagnes, déjà, dont Nashville et Greenwood ; sa femme Diane Nash Bevel qui, lorsqu'elle était encore étudiante à Fisk, était devenue l'une des pionnières de la lutte des Noirs pour la liberté ; le révérend Bernard Lee, dont le dévouement aux droits civiques datait de l'époque où il avait dirigé le mouvement étudiant à l'Alabama State College ; le révérend Andy Young, notre brillant et fervent directeur de programme ; et Dorothy Cotton, directrice de notre programme d'éducation civique en cours, et qui consacra également à notre mouvement son riche talent musical.

Les volontaires ne passaient pas tous avec succès nos tests très sévères et on ne leur attribuait pas toujours le rôle de manifestants. Mais à côté du sacrifice physique, il y avait beaucoup de choses à faire : commissions diverses, coups de téléphone à donner et à recevoir, travaux de dactylographie, etc. Quand un volontaire n'avait pas les aptitudes requises pour participer aux démonstrations publiques, on l'utilisait dans l'une des douzaines d'autres tâches au service de la cause.

Chaque volontaire devait signer la « Carte d'Engagement » suivante :

JE FAIS ICI LE DON DE MA PERSONNE – PHYSIQUE ET SPIRITUELLE – AU MOUVEMENT NON VIOLENT. EN CONSÉQUENCE, JE M'ENGAGE À RESPECTER LES DIX COMMANDEMENTS SUIVANTS :

1. – MÉDITER quotidiennement sur la prédication et la vie de Jésus.

2. – ME RAPPELER que le mouvement non violent de Birmingham a pour but de rechercher la réconciliation et la justice et non la victoire.

3. – CONSERVER, dans mon comportement et mes paroles, l'attitude de l'amour, car Dieu est amour.

4. – PRIER tous les jours et demander à Dieu d'être Son instrument, afin que tous les hommes puissent être libres.

5. – SACRIFIER mes intérêts personnels afin que tous les hommes puissent être libres.

6. – OBSERVER, tant à l'égard de mon ennemi que de mon ami, les règles habituelles de la courtoisie.

7. – ESSAYER de me consacrer régulièrement au service des autres et du monde.

8. – ME GARDER de la violence – qu'elle s'exprime par le poing, la langue ou le cœur.

9. – M'EFFORCER d'observer une hygiène spirituelle et physique.

10. – RESPECTER les consignes du mouvement et celles du chef lors d'une manifestation.

Je signe cet engagement après avoir mûrement réfléchi à ce que je fais et dans la détermination et la volonté de persévérer.

Nom ....

Adresse ....

Téléphone ....

Parent le plus proche ....

Adresse ....

En dehors des manifestations, je propose d'aider le mouvement de la façon suivante (entourer les mentions utiles) : Faire des courses ; conduire une voiture ; préparer la nourriture des volontaires ; exercer un ministère religieux ; donner des coups de téléphone ; recevoir des coups de téléphone ; travaux de photocopie, de dactylographie, d'imprimerie ; distribution de tracts.

Alabama Christian Movement for Human Rights.
Birmingham affiliate of SCLC.
505 1/2 North 17th Street.
F. L. Shuttlesworth, President.

Selon mes projets, je devais me faire mettre en prison deux ou trois jours après le début de nos manifestations publiques. Mais dès mon retour à Birmingham, je pris conscience d'un problème qui compromettait le bien-fondé et la possibilité de mon emprisonnement, tant qu'il ne serait pas résolu.

Nous avions dû, rappelons-le, changer deux fois la date de notre campagne et, pour des raisons stratégiques, l'avions ajournée au lendemain des élections du second tour ; de ce fait, nous avions rompu tout contact avec la communauté pendant plusieurs semaines. Nous revenions maintenant dans une ville dont l'autorité politique était divisée. L'unité de nos adhérents eux-mêmes était compromise. Parmi les Noirs, en effet, certains pasteurs, hommes d'affaires et représentants de professions libérales s'opposaient énergiquement à notre programme. Non pas, certes, parce qu'ils refusaient la liberté, mais pour beaucoup d'autres raisons.

Comme partout en Amérique, le Noir de Birmingham était victime d'un lavage de cerveau suffisamment habile pour l'amener à admettre pleinement la théorie des Blancs, selon laquelle il serait un être inférieur. Certes, il était prêt à se croire l'égal de n'importe quel homme, mais il ne savait que faire ni comment résister aux influences qui, jusqu'ici, l'avaient conditionné : il en était arrivé à préférer le moindre mal et à accepter son infériorité prônée par l'homme blanc. Il savait bien que la théorie de l'homme blanc se heurtait à certaines exceptions, en la personne d'un Ralph Bunche, d'un Jackie Robinson ou d'une Marian Anderson. Mais, comme partout en Amérique, le Noir de Birmingham croyait que l'exception ne faisait que confirmer la règle.

Certains leaders noirs de Birmingham avaient également été sensibles à une nouvelle théorie qui gagnait peu à peu de nombreux partisans et selon laquelle nous aurions mal choisi notre moment et aurions dû donner sa chance au nouveau gouvernement Boutwell. L'un des premiers à émettre cette critique fut l'attorney général Robert Kennedy. Le *Washington Post*, qui, dès nos premières manifestations, se fit le champion de la Birmingham traditionnelle, avait violemment attaqué dans ses colonnes notre « chronométrage » à contretemps. En fait, l'ensemble de la presse nationale commença par se montrer négative à notre égard, nous traitant de têtes brûlées qui se mettaient dans un mauvais cas au moment même où Birmingham allait, en une seule nuit, se transformer en paradis. La soudaine apparition de notre problème fut considérée comme une tache sur cette vision paradisiaque.

Pendant le boycott des bus à Montgomery et la campagne d'Albany, nous avions eu la chance d'avoir dès le début la presse nationale avec nous. Ce ne fut pas le cas à Birmingham. Or il est terriblement difficile d'engager un tel combat sans le support moral de la presse nationale, pour contrebalancer l'hostilité des journaux locaux. La pensée que nous agissions « à contretemps » finit par hanter le moindre de nos mouvements à Birmingham. Mais les défenseurs de cet argument ignoraient tout des raisons profondes de notre plan ; ils ne savaient pas que nous avions ajourné deux fois notre campagne, ni pourquoi nous voulions agir au moment de Pâques. Et surtout, ils ne comprenaient pas combien devenait ridicule le mot de « contretemps », alors que le cours de l'histoire révélait que le problème noir avait déjà accumulé un retard d'un siècle.

La plupart des leaders noirs s'étaient donc laissé influencer par l'administration, mais en outre ils se laissaient bercer par un faux optimisme envers le nouveau gouvernement de Birmingham. À mon avis, ils vivaient depuis tant d'années dans une situation désespérée que le plus infime changement avait pour eux la valeur d'un pas de géant vers une amélioration. La plupart croyaient sincèrement qu'une fois disparue l'influence de Bull Connor, tout irait bien.

Nous nous heurtions encore à une autre opposition au sein même de la communauté noire : certains groupes et certaines personnalités nous en voulaient de les avoir laissés ignorer la date exacte et la stratégie que nous avions adoptée. Ils avaient l'impression d'être précipités brutalement dans un courant déjà organisé et à l'organisation duquel ils n'avaient point pris part. Ils ne comprenaient pas que nous avions été forcés de garder le secret en raison de la situation politique locale.

Nous voulions accomplir une grande révolution sociale et dans ce but nous avions besoin d'unir tous les efforts. Or la division qui régnait dans notre communauté risquait de compromettre toutes nos chances de succès. On décida donc d'organiser une série ultrarapide de réunions avec divers groupes et personnalités noirs, pour tenter de nous rallier tous les mouvements et leaders marquants de la ville.

En compagnie des membres de mon équipe, je fis une série de conférences à de nombreux groupes, donnant, à divers échelons, une image assez exacte de notre peuple. En une seule semaine – terriblement mouvementée – je m'adressai à cent vingt-cinq représentants des milieux d'affaires et des professions libérales (je les avais invités au Gaston Motel), à deux cents pasteurs et à différents groupes plus restreints. Dans la plupart des cas, je commençais ma conférence dans une atmosphère tendue et hostile et je me rendais compte de l'effort qu'il fallait fournir.

Je pris le parti d'aller droit au but : aux représentants des milieux d'affaires et des professions libérales, j'expliquai pourquoi nous n'avions pu leur faire connaître à l'avance la date que nous avions choisie et j'insistai sur le problème de l'« à-propos » de notre entreprise. Devant les pasteurs, j'insistai sur les prolongements sociaux que devait nécessairement contenir l'Évangile du salut individuel. J'allai même jusqu'à suggérer que seule une religion « stérile comme la cendre » pouvait inciter des pasteurs à annoncer la gloire du royaume en ignorant délibérément l'enfer terrestre qu'entraînent certaines conditions sociales. J'implorai leur assistance ferme et forte en leur démontrant qu'ils étaient plus libres et plus indépendants que quiconque. Car, leur demandai-je, comment fera le Noir pour conquérir sa liberté s'il n'est pas guidé, soutenu, inspiré par ses chefs spirituels ?

Je relevai le défi de ceux qui m'avaient traité d'« étranger » en indiquant que l'Alabama Christian Movement for Human Rights présidé par Fred Shuttlesworth était une filiale de la Southern Christian Leadership Conference. Le groupe de Shuttlesworth ayant fait appel à la SCLC au sujet de Birmingham, j'expliquai que moi, en tant que président de la SCLC, j'étais venu à Birmingham afin de servir les intérêts d'une de nos filiales.

Je m'étendis plus longuement sur l'accusation usée et éculée d'« étranger », que nous avons rencontrée chaque fois que nous sommes allés au secours d'une quelconque communauté. Aucun Noir, et en fait aucun Américain, ne peut être considéré comme étranger à une communauté quand il vient y servir la cause de la liberté et de la justice. Aucun Noir, quels que soient son origine, son niveau social, ses ressources financières, son prestige ou sa situation, n'est jamais étranger au fait qu'on refuse la dignité humaine et la décence au plus humble des enfants noirs, qu'il vive au Mississippi, en Alabama ou en Géorgie.

Les conséquences stupéfiantes de ce qui s'est passé à Birmingham, cette Révolution noire qui balaya le pays, ont fait comprendre à tout le peuple américain qu'il n'est un étranger dans aucun des cinquante-deux États. Quand un chien policier enfonçait ses crocs dans la cheville d'un petit enfant à Birmingham, c'était comme s'il l'enfonçait dans la cheville de chacun des citoyens américains. Ce n'est pas pour un quelconque individu que sonne le glas de l'inhumanité de l'homme envers l'homme, il sonne pour vous, pour moi, pour nous tous.

Cette semaine-là, Dieu me donna le pouvoir de transformer les ressentiments, les soupçons, les craintes et les malentendus en une vague de foi et d'enthousiasme. Je parlai du fond du cœur et obtins, à chaque réunion, de fermes adhésions et des promesses de participation et de soutien. Grâce à cette nouvelle unité qui ne cessait de renforcer et de fortifier notre soulèvement, les bases de l'ancien régime étaient condamnées. Un nouveau régime allait naître et tous les sectarismes ou les Bull Connor du monde ne pourraient rien pour l'empêcher.

III

Après trois jours d'occupations de snack-bars dans les grands magasins, on compta trente-cinq arrestations. Le samedi 6 avril, une marche sur l'hôtel de ville marqua le début de la deuxième étape de notre croisade. La première vague de manifestants soigneusement sélectionnés et éprouvés se comporta exactement comme on leur avait appris à le faire. Ils marchèrent deux par deux, dans un ordre parfait, sans bannières, ni orchestre, ni chants. Quand les hommes de Bull Connor leur barrèrent le chemin, à trois blocs du but, ils attendirent en silence pendant que leurs chefs refusaient poliment mais fermement d'obéir à l'ordre de dispersion donné par Bull Connor. En conséquence, quarante-deux d'entre eux furent arrêtés pour « manifestation sans autorisation ». La politesse des gardiens qui les escortèrent jusqu'aux fourgons cellulaires était étonnante et les manifestants se laissèrent conduire sans résister, se contentant de chanter leurs chants de la liberté pendant tout le trajet vers la prison. Sur les trottoirs, d'autres Noirs se pressaient pour les encourager, chantant eux aussi et applaudissant à tout rompre leurs héros prisonniers – car c'est ainsi que leurs voisins et amis allaient dorénavant les désigner. Il arrivait une chose extraordinaire aux Noirs de Birmingham, et dans l'esprit, le cœur et l'âme de tous les Noirs d'Amérique il allait se produire un changement révolutionnaire.

Dès lors, les manifestations quotidiennes prirent de plus en plus d'ampleur. Notre boycott des commerçants du centre se révéla d'une efficacité formidable. À quelques jours de Pâques, une enquête minutieuse montra qu'il n'y avait pas eu plus de vingt Noirs pour y entrer. En même temps, le nombre des volontaires s'accroissait sans cesse et cela nous permit de lancer d'autres manifestations : réunions de prières dans les églises, occupations de la bibliothèque, et une marche sur les bureaux du comté qui marqua le début de notre action en faveur de l'inscription sur les listes électorales. Et pendant ce temps, les prisons se remplissaient lentement mais sûrement.

Au début de la campagne, les habitants de Birmingham, quelle que fût leur race, furent tous surpris de constater la réserve des hommes de Bull Connor. Les chiens policiers et les matraques firent une apparition le dimanche des Rameaux, mais elle fut brève. La plupart des gens ne comprirent pas que Connor suivait simplement l'exemple du chef de la police d'Albany, Laurie Pritchett, qui pensait avoir trouvé un nouveau moyen de faire échec aux manifestations en appliquant à sa propre police les méthodes de la non-violence. Mais on vit bientôt que le sieur Connor n'avait pas de grandes dispositions pour la non-violence. Non loin de là, dans les chenils, les chiens aboyaient et les lances à incendie étaient déjà branchées. Mais c'est un autre chapitre de notre histoire.

Bull Connor avait une autre raison de se contenir : il pensait en effet avoir trouvé un meilleur moyen de nous vaincre. Nous en eûmes la preuve le 10 avril, jour où le gouvernement municipal obtint du tribunal un arrêt de suspension : cessation de nos activités jusqu'à ce que nous ayons obtenu du tribunal l'autorisation de les exercer. Pour contrer cette manœuvre légale, il nous fallait maintenant appliquer une tactique nouvelle. Deux jours plus tard, nous accomplîmes un acte audacieux, sans précédent dans nos autres croisades. Nous refusâmes d'obéir à un ordre du tribunal.

Il va sans dire que cette décision extraordinaire était le fruit d'une longue période de prière et de délibérations. Au mois de mars, déjà, lors de notre réunion chez Harry Belafonte, nous avions envisagé et discuté la possibilité d'une désobéissance concertée et délibérée sur le plan civil. Là, après avoir consulté nos plus fidèles sympathisants, nous avions pris la résolution suivante : si on tentait de faire échec à nos manifestants par décret légal, il serait de notre devoir de violer ce décret. Pour certains, cela peut sembler paradoxal et moralement indéfendable : à savoir que nous, défenseurs de la justice et détracteurs de ceux qui trahissent la loi de la Cour suprême et les ordonnances fédérales, nous nous déclarions prêts à violer ouvertement un ordre émanant du tribunal. Mais notre position s'appuyait sur des arguments convaincants.

À la loi de la Cour suprême sur l'intégration scolaire, les ségrégationnistes avaient riposté en invoquant « un siècle de litige », ce qui signifiait beaucoup plus que ne se l'imaginaient la plupart des Américains. Cette méthode de l'arrêt de suspension est maintenant devenue pour le Sud le meilleur moyen de bloquer la progression de l'action en faveur des droits civiques et d'empêcher les citoyens noirs – et leurs alliés blancs – de se réunir pacifiquement – droit garanti pourtant par le premier amendement. Le processus est simple : vous lancez une campagne non violente, l'autorité locale obtient un arrêt de suspension contre vous. Il est à prévoir que deux ou trois années s'écouleront avant que le cas soit résolu. Les cours d'Ala-

bama excellent, c'est de notoriété publique, à
« enterrer » ces sortes d'affaires. Tel est le moyen
pseudo-légal (diaboliquement efficace) d'étouffer
un soulèvement moralement légitime.

Cette procédure, nous avions prévu que Birmingham l'utiliserait contre nous. Elle l'avait été
à Montgomery, pour interdire, lors du boycott des
bus, notre système de voitures privées ; elle avait
anéanti le soulèvement de Talladega, en Alabama ;
elle avait torpillé nos efforts à Albany ; et en Alabama elle avait réussi à mettre en déroute la
NAACP. En conséquence, parfaitement conscients
de ce que cela impliquait et prêts à l'accepter, nous
décidâmes que nous n'avions pas le choix : nous
devions passer outre.

À Birmingham, nos adversaires furent décon-
certés par notre réaction. Ils ne savaient plus que
faire, car nous ne cachions pas nos intentions :
j'informai la presse de notre projet en soulignant
le fait que nous n'étions pas des anarchistes, partisans du désordre, mais que nous étions maintenant
convaincus que les tribunaux d'Alabama avaient
abusé d'une procédure judiciaire afin de perpétuer
l'injustice et la ségrégation. En conséquence de
quoi, nous ne pouvions, en toute conscience, nous
soumettre à leurs injonctions.

Je voulais être l'un des premiers à donner
l'exemple de la désobéissance civile. Après dix
jours de campagne, nous avions entre quatre et cinq
cents personnes en prison. Certains avaient été relâchés sous caution, mais il en restait encore trois
cents. Puisque j'avais terminé mon œuvre d'unifi-

cation de la communauté noire, c'était maintenant mon tour. Ralph Abernathy et moi-même avions choisi le vendredi saint – en raison de sa signification symbolique – pour nous engager physiquement dans cette croisade.

Peu après avoir annoncé notre intention de prendre la tête de la manifestation du 12 avril, et de nous faire arrêter, nous reçûmes un message si alarmant qu'il faillit ruiner le mouvement. Dans la soirée du mardi, l'homme qui jusqu'ici avait fourni les cautions des manifestants, nous avertit qu'il ne pourrait continuer, la municipalité lui ayant notifié que ses garanties financières étaient insuffisantes. C'était, de la part de la municipalité, une manœuvre évidente dirigée contre nous.

Le coup était rude. Nous avions dépensé en cautions tout notre argent liquide et nous avions engagé notre responsabilité morale envers les trois cents personnes qui étaient en prison. Cinquante autres, dont Ralph et moi, étaient prêtes à s'y rendre aussi et ce devait être l'arrestation la plus importante en nombre. Si nous n'avions plus d'argent pour les cautions, comment garantir aux prisonniers leur éventuelle libération ?

À l'aube du vendredi saint, au Gaston Motel, appartement 30, nous discutâmes de cette grave crise avec vingt-quatre responsables. Tandis que nous parlions, le sentiment de la défaite envahit la pièce. En regardant autour de moi, je vis ces hommes, parmi les plus fervents et les plus dévoués, envahis pour la première fois par un sentiment d'impuissance. Ils ne savaient que dire, car ils ne savaient que faire. Enfin, l'un d'entre eux prit la parole et je compris en l'écoutant qu'il exprimait à voix haute ce que chacun pensait en secret :

« Martin, dit-il, la seule conclusion à tirer de tout cela, c'est que vous ne pouvez pas aller en prison. Il nous faut de l'argent. Beaucoup d'argent. Tout de suite. Vous êtes le seul qui puissiez en trouver. Si vous allez en prison, nous sommes perdus. Et la bataille de Birmingham est perdue, elle aussi. »

Je restai immobile, me sachant observé par vingt-quatre paires d'yeux. Je pensais à ceux qui étaient en prison. Je pensais à tous ces Noirs de Birmingham qui déjà devaient être en train de s'amasser dans les rues de la ville et qui attendaient de me voir mettre en pratique ce que j'avais prêché si passionnément. Comment justifier ce manquement soudain à la promesse que je leur avais faite, et qu'allait penser le pays d'un homme qui, après avoir poussé des centaines de gens à faire un énorme sacrifice, se dérobe, son tour venu ?

Je fus alors assailli par un nouveau tourbillon de pensées. Si je me faisais arrêter, qu'allait-il arriver aux trois cents personnes déjà en prison ? D'où viendrait l'argent pour leur libération ? Qu'adviendrait-il de notre campagne ? Qui accepterait de nous suivre désormais en prison sans être sûr de revoir un jour le soleil de Birmingham ?

Je restai assis, plongé dans le calme le plus profond que j'eusse jamais ressenti. Il arrive toujours, dans la vie d'un chef, un moment où, malgré la présence d'amis et d'alliés loyaux, il n'est plus confronté qu'avec lui-même. Oui, j'étais seul dans cette pièce où nous étions entassés.

Alors, je sortis de la pièce et gagnai une chambre située au fond de l'appartement que nous avions loué. Et là, debout au centre de cette chambre, il me vint à l'esprit que j'étais également au cœur de tout ce que ma vie avait fait de moi. Je pensai à mes vingt-quatre compagnons qui attendaient à côté, je pensai aux trois cents qui attendaient en prison. Je pensai à la communauté noire de Birmingham, qui attendait. Et mon esprit quitta le Gaston Motel, la prison, la ville, les frontières de l'État et je pensai aux vingt millions de Noirs dont le rêve était de pouvoir un jour franchir la mer Rouge de l'injustice et conquérir la Terre promise de l'intégration et de la liberté. Il n'y avait plus lieu d'hésiter.

Je me dépouillai de ma chemise et de mon pantalon, enfilai de vieux vêtements, puis je me rendis dans l'autre pièce pour leur annoncer ma décision d'aller en prison.

« Je ne sais pas ce qui va arriver, leur dis-je, je ne sais pas d'où viendra l'argent. Mais je dois faire acte de foi. » Et j'ajoutai, me tournant vers Ralph Abernathy : « Je sais ton désir d'être en chaire le jour de Pâques, Ralph. Mais je te demande de venir avec moi. »

Ralph se leva sans la moindre hésitation et nos mains à tous s'unirent ; et là, dans la chambre 30 du Gaston Motel de Birmingham en Alabama, vingt-cinq voix entonnèrent le chant de guerre de notre mouvement : « Un jour nous vaincrons. »

Du motel nous nous rendîmes à l'église d'où devait partir la manifestation. Des centaines de Noirs étaient venus nous voir et un grand espoir remplit mon cœur à la vue de ces visages souriants et approbateurs qui nous saluaient au passage. Toute la police de Birmingham semblait s'être donné rendez-vous dans le quartier. De l'église où le groupe de cinquante manifestants nous avait rejoints, nous nous mîmes en marche, par les rues interdites, vers le quartier blanc. Ce fut une très belle marche. Cette fois-là, la police nous laissa aller plus loin qu'elle ne l'avait jamais fait, c'est-à-dire jusqu'à sept ou huit blocs de là. Tout au long du chemin, les trottoirs étaient remplis de Noirs qui joignirent leur voix aux nôtres pour chanter nos hymnes de bataille. De temps en temps, ils s'interrompaient pour nous applaudir.

Aux approches du quartier blanc, Bull Connor donna à ses hommes l'ordre de nous arrêter. Deux solides policiers nous entraînèrent, Ralph et moi, par le col de nos chemises, et tous les autres furent très vite arrêtés aussi. À la prison, on nous mit tous deux à l'écart, puis on nous sépara l'un de l'autre.

Pendant plus de vingt-quatre heures, je fus tenu au secret le plus complet. Personne n'eut l'autorisation de venir me rendre visite, pas même mes avocats. Ce furent les heures les plus longues, les plus frustrantes, les plus angoissantes de ma vie. Privé du moindre contact, je me rongeais de souci. Comment allait le mouvement ? Où Fred et les autres responsables trouveraient-ils l'argent nécessaire à la libération des manifestants ? Où en était le moral de la communauté noire ?

Je n'eus à me plaindre d'aucune brutalité de la part de mes geôliers. Certains gardiens étaient hargneux et grossiers, mais c'était à prévoir dans une prison du Sud. Le plus pénible était d'être enfermé seul. Le matin, le soleil levant dardait des traits de lumière à travers la fenêtre placée très haut dans mon étroite cellule. Pour savoir ce qu'est l'obscurité complète, il faut avoir vécu dans un endroit pareil : on sait que là-haut, le soleil brille de tous ses feux, mais qu'il ne viendra jamais en bas, où tout est ténèbres. On peut penser que j'étais la proie d'une sorte d'hallucination née du souci. Je me faisais du souci, certes. Mais cette obscurité n'était pas seulement un phénomène né de mon esprit torturé. D'ailleurs, peu importe la raison, il n'en restait pas moins que je n'avais pas de lumière.

Quelques jours plus tôt, j'avais laissé chez moi à Atlanta ma femme Coretta qui venait de mettre au monde notre quatrième enfant. Bien que très heureuse, comme moi, de la venue de notre petite fille, Coretta avait été très déçue de ne pouvoir m'accompagner à cause de son état. Elle avait été ma force et mon inspiration pendant les jours terribles de Montgomery. Elle avait participé activement à la campagne d'Albany et était sur le point d'aller en prison avec les autres femmes des responsables, quand la campagne avait pris fin.

Et voilà qu'à présent, confinée chez elle, elle était, en outre, privée du réconfort que pourrait lui apporter un coup de téléphone de son mari. Le lundi qui suivit notre arrestation, elle décida de faire quelque chose. Elle se souvint du coup de téléphone que lui avait donné John Kennedy quand j'avais été incarcéré pendant la campagne électorale de 1960. Alors, elle prit son téléphone et fit une demande d'appel au Président. Quelques minutes plus tard, le frère du Président, l'attorney général Robert Kennedy, la rappela. Elle lui dit ce qu'elle savait, à savoir que j'étais au secret et qu'elle était inquiète pour ma sécurité. L'attorney général promit de faire tout ce qu'il pourrait pour adoucir ma situation. Quelques heures après, le président Kennedy lui-même appela Coretta de Palm Beach et l'assura qu'il s'occupait de l'affaire immédiatement. Le Président et son frère tinrent apparemment leur promesse d'intervention, car très peu de temps après, mes gardiens me demandèrent si je voulais téléphoner à ma femme. Et après l'intervention du Président, mes conditions d'incarcération changèrent considérablement.

En même temps, dans l'après-midi du dimanche de Pâques, je reçus la visite de deux de nos attorneys, Orzell Billingsley et Arthur Shores. Ils m'annoncèrent que Clarence B. Jones, mon avocat et ami, arrivait de New York le lendemain. Ils ne purent répondre à aucune des questions qui me tourmentaient, mais le lendemain, quand Clarence Jones vint me rendre visite, il me laissa à peine le temps de lui exprimer ma joie de le voir ; en quelques mots il libéra mon cœur d'un énorme poids :

« Harry Belafonte a pu réunir cinquante mille dollars pour les cautions, me dit-il. Cet argent est disponible immédiatement. Et il vous fait dire que s'il vous en faut plus, il le trouvera. »

Je fus incapable de dire ce que je ressentais : le message de Jones m'avait apporté plus que du soulagement au sujet du problème immédiat de l'argent ; plus que de la reconnaissance pour la loyauté de mes lointains amis ; plus que la confirmation que la vie du mouvement ne pourrait être éteinte ; ce qui m'imposa le silence, ce fut un profond sentiment de respect. Je prenais conscience de quelque chose que j'avais toujours possédé sans que cela affleurât à la surface de ma conscience, car le poids de mon souci pour le mouvement l'avait refoulé : jamais je n'avais été seul dans ma prison ; le soutien de Dieu ne se laisse pas arrêter par une porte de prison ! Je ne sais pas si, à ce moment précis, le soleil brillait, mais je sais que de nouveau mes yeux contemplèrent la lumière.

CHAPITRE V

Lettre de la prison de Birmingham [1]

Mes Chers Frères dans le Ministère,

Je viens de lire, dans la prison de Birmingham où je suis incarcéré, la récente déclaration dans laquelle vous qualifiez mes activités actuelles de « déraisonnables et prématurées ». Il est rare que je prenne le temps de répondre aux critiques apportées à mon travail et à mes idées, car si je voulais

---

1. *Note de l'auteur* : ceci est la réponse à une déclaration publiée par huit confrères d'Alabama : l'évêque C. C. J. Carpenter, l'évêque Joseph A. Durick, le rabbin Hilton L. Grafman, l'évêque Paul Hardin, l'évêque Holan B. Harmon, le révérend George M. Murray, le révérend Edward V. Ramage et le révérend Earl Stallings. Elle fut écrite dans des circonstances assez particulières. Commencée dans la marge du journal qui avait publié la déclaration alors que j'étais en prison, la lettre fut continuée sur des morceaux de papier à lettre fournis par un fidèle ami noir, et achevée enfin sur un bloc que mes avocats eurent l'autorisation de me laisser. Bien que le texte reste en substance inchangé, je me suis permis, en tant qu'auteur, d'en revoir légèrement la forme avant sa publication.

répondre à toutes, mes secrétaires et moi-même y passerions nos journées et je n'aurais plus une minute à consacrer à un travail plus constructif. Mais parce que je sens en vous d'authentiques hommes de bonne volonté, je veux tenter de répondre à votre déclaration, dans des termes que je souhaite patients et raisonnables.

Et puisque vous vous êtes laissé influencer par l'argument qui s'élève contre les « étrangers aux affaires locales », je crois que je vais commencer par expliquer les raisons de ma présence à Birmingham. J'ai l'honneur d'être le président de la Southern Christian Leadership Conference, dont le théâtre d'opération s'étend à tous les États du Sud et dont le quartier général se trouve à Atlanta, en Géorgie. Nous avons dans tout le Sud quelque quatre-vingt-cinq organisations-filiales, parmi lesquelles l'Alabama Christian Movement for Human Rights. Avec nos filiales, nous partageons souvent nos équipes de responsables et nos ressources financières et éducatives. Il y a quelques mois, notre filiale de Birmingham nous demanda si nous serions prêts, en cas de nécessité, à participer à une campagne d'action non violente. Nous répondîmes par l'affirmative et quand sonna l'heure, nous accourûmes pour remplir notre promesse. C'est pourquoi je suis ici en compagnie de quelques membres de mon équipe : parce qu'on m'a prié de venir.

Mais il est une autre raison – fondamentale – de ma présence à Birmingham. Je suis ici parce que l'injustice y règne. Les prophètes du VIIIe siècle avant Jésus-Christ ne quittèrent-ils pas leur village pour aller proclamer : « Ainsi parle l'Éternel ! » ? Et l'apôtre Paul ne quitta-t-il pas la ville de Tarse pour aller annoncer l'Évangile de Jésus-Christ aux confins du monde gréco-romain ? Comme eux tous, je suis contraint, moi aussi, d'aller porter l'Évangile de la liberté au-delà des murs de ma ville natale. Comme Paul, je dois constamment répondre aux appels des Macédoniens.

Par-dessus tout, je suis conscient de l'étroite corrélation qui unit toutes les communautés et tous les États entre eux. Je ne peux pas rester tranquillement à Atlanta dans l'indifférence de ce qui se passe à Birmingham. Nous sommes irrémédiablement pris dans les mailles d'un seul filet, qui est celui de la destinée humaine où nul ne peut échapper aux règles de la réciprocité. Ce qui concerne directement un seul d'entre nous concerne directement tous les autres. Le terme étriqué et provincial d'« agitateur extérieur » est maintenant dépassé. Car quiconque habite sur le sol des États-Unis ne pourra désormais plus jamais y être considéré comme étranger.

Vous déplorez les manifestations qui ont eu lieu à Birmingham. Mais vous omettez de déplorer – et je le regrette – les conditions qui nous ont amenés à manifester. Je suis sûr que vous n'êtes pas de ceux qui se contentent d'analyses sociologiques assez superficielles, pour ne s'occuper que des effets sans chercher à saisir les causes profondes. Il est fâcheux que de telles manifestations se soient déroulées à Birmingham, mais il est encore plus fâcheux que les autorités blanches de Birmingham n'aient pas laissé aux Noirs d'autre choix.

Toute campagne non violente procède en quatre étapes fondamentales : premièrement, enquête sur les faits pour déterminer les signes concrets d'injustice ; deuxièmement, négociation ; troisièmement, examen de conscience ; et enfin, action directe. À Birmingham, nous avons scrupuleusement suivi ces quatre étapes. On ne peut en disconvenir, cette communauté sombre dans l'injustice raciale. Birmingham est problablement la ville des États-Unis où la ségrégation est la plus totale. Elle détient un triste record : celui de la brutalité. Les Noirs y ont fait l'expérience du traitement grossier et injuste infligé par ses tribunaux. Les bombardements de maisons et d'églises noires sont demeurés plus souvent impunis à Birmingham qu'ailleurs. Tels sont les faits brutaux et sans pitié du dossier. À partir de là, les leaders noirs tentèrent de négocier avec les dirigeants de la ville, mais ceux-ci refusèrent systématiquement d'engager toute négociation de bonne foi.

Ensuite, en septembre dernier, nous eûmes l'occasion de nous entretenir avec les principaux hommes d'affaires de Birmingham. Au cours de ces négociations, certains commerçants nous firent des promesses – comme de retirer de leurs magasins les écriteaux raciaux humiliants pour nous. Fort de ces promesses, Fred Shuttlesworth et les responsables de l'Alabama Christian Movement for Human Rights acceptèrent de suspendre toutes les manifestations. Au fur et à mesure que les semaines, puis les mois s'écoulaient, il nous fallut nous rendre à l'évidence : les promesses qui nous avaient été faites n'étaient pas tenues. Les quelques écriteaux enlevés reparurent bientôt ; on ne s'était même pas donné la peine d'enlever les autres.

Comme toujours, nous vîmes nos espoirs anéantis, et un profond désespoir s'installa parmi nous. Il ne nous restait plus d'autre solution que l'action directe par laquelle, en faisant le sacrifice de notre personne, nous espérions soumettre notre cas à la conscience de tous, sur le plan local et national. Attentifs aux difficultés qui nous attendaient, nous décidâmes d'entreprendre notre examen de conscience. Au cours d'une série de séances de travail consacrées à l'étude de la non-violence, nous ne cessions de nous interroger : « Sommes-nous capables d'encaisser les coups sans riposter ? » ; « Sommes-nous capables d'endurer la peine de prison ? » Nous avions établi notre programme d'action directe pour la saison de Pâques – qui est, après Noël, la meilleure saison pour les affaires. Cela nous parut être la meilleure période pour faire pression sur les commerçants en leur retirant totalement notre pouvoir d'achat, méthode classique de l'action directe.

C'est alors que nous apprîmes que Birmingham devait élire un nouveau maire au mois de mars et nous ajournâmes immédiatement notre campagne au lendemain des élections. Constatant que le directeur de la Sécurité publique, Eugène « Bull » Connor, avait eu assez de voix pour qu'il y eût ballottage, nous ajournâmes de nouveau notre campagne au lendemain des élections du second tour, afin de ne pas en fausser les résultats par nos manifestations. Comme bien d'autres, nous attendions la défaite de M. Connor et c'est pour cela que nos projets subirent tant de retard. Nous avions répondu à l'appel de notre communauté noire de Birmingham, il nous fallait maintenant passer sans délai à l'action directe.

Mais, direz-vous, pourquoi l'action directe ? Pourquoi les occupations de comptoirs, pourquoi les marches, etc. ? N'aurait-il pas mieux valu s'en tenir à la méthode des négociations ? Vous avez raison, et la négociation est le but même de l'action directe. Nous cherchons à créer un état de crise en entretenant une tension suffisante pour obliger à négocier un groupe qui s'y est toujours refusé. Nous portons le problème à un degré tellement dramatique qu'on ne peut plus faire semblant de l'ignorer. En disant qu'une part du travail du résistant non violent consiste à créer un état de tension, il se peut que je vous choque. Mais je dois avouer que le mot « tension » ne me fait pas peur. Je suis un farouche adversaire de toute tension née de la violence, mais il existe une sorte de tension non violente constructive et qui doit s'accroître. Socrate disait qu'il fallait créer une tension de l'esprit afin que les individus dégagés de l'entrave des mythes et des semi-vérités parviennent enfin au libre royaume de l'analyse créatrice et de l'appréciation objective. Nous aussi nous devons, par des moyens non violents, créer dans la société la tension qui aidera les hommes à sortir des profondes ténèbres du préjugé racial, pour atteindre les cimes augustes de la compréhension fraternelle.

Notre programme d'action directe veut créer un état de crise dans le seul but d'ouvrir la porte aux négociations. C'est pourquoi je suis d'accord avec vous quand vous les réclamez. Il y a trop longtemps que notre Sud bien-aimé s'est embourbé tragiquement en choisissant le monologue au lieu du dialogue.

Un autre point essentiel de votre manifeste est celui où vous qualifiez notre action à Birmingham de « prématurée ». On a même été jusqu'à demander : « Pourquoi n'avez-vous pas laissé à la nouvelle administration le temps d'agir ? » La seule réponse que je puisse faire à cette question est que la nouvelle administration de Birmingham a autant besoin d'être aiguillonnée que la précédente. Ce serait une fatale erreur de croire que le nouveau maire Albert Boutwell va doter Birmingham d'un règne millénaire. Certes, M. Boutwell est un homme beaucoup plus agréable que M. Connor, mais tous deux sont des ségrégationnistes, voués au maintien du *statu quo*. Je souhaite que M. Boutwell soit assez raisonnable pour comprendre ce qu'il y aurait de futile à vouloir résister massivement à l'intégration. Mais il ne le comprendra jamais si les partisans des droits civiques ne font pas pression sur lui. Sachez, mes amis, que nous n'avons jamais gagné une seule bataille en faveur des droits civiques sans que soit exercée au préalable une nette pression – non violente – sur le plan légal. C'est un fait navrant, mais il est confirmé par l'histoire : il est rare que les groupes nantis de privilèges abandonnent spontanément leurs prérogatives. Il arrive que des individus, moralement éclairés, abandonnent d'eux-mêmes leur position usurpée ; mais comme l'a rappelé très justement Reinhold Niebuhr, les groupes ont tendance à se montrer plus immoraux que les individus.

Notre douloureuse expérience nous a montré que l'oppresseur n'offre jamais de son propre chef la liberté à ceux qu'il opprime. Les opprimés sont obligés de la réclamer. Franchement, fallait-il que ma campagne d'action directe parût « opportune » à ceux qui n'ont jamais souffert à l'excès de la ségrégation ? Depuis des années j'entends dire : « Attendez ! » et ce mot a pris pour une oreille noire une familiarité lancinante. Ce fameux « Attendez » a presque toujours été synonyme de « Jamais ». Et nous en arrivons, comme le dit l'un de nos distingués juristes, à la conclusion que « trop tarder à rendre la justice, c'est la refuser ».

Il y a plus de trois cent quarante ans que nous attendons de pouvoir jouir de nos droits constitutionnels et des simples droits humains que Dieu nous a donnés. L'Afrique et l'Asie acquièrent à une vitesse vertigineuse leur indépendance politique, tandis que nous en sommes encore – pauvres tortues – à gagner le droit de prendre une tasse de café au comptoir d'un snack. Pour ceux qui n'ont jamais ressenti les traits cinglants de la ségrégation, il est peut-être aisé de dire : « Attendez ! » Mais si vous voyiez la populace haineuse lyncher vos père et mère et noyer vos frères et sœurs au gré de sa fantaisie ; si vous voyiez d'affreux policiers, l'injure à la bouche, rouer de coups et parfois même tuer vos semblables ; si vous voyiez l'immense majorité de vos vingt millions de frères noirs écrasés de misère au cœur d'une société opulente ; si soudain les mots vous manquaient et que vous vous mettiez à bégayer en essayant d'expliquer à votre petite fille de six ans pourquoi elle ne peut pas aller au nouveau parc d'attractions sur lequel la télévision vient de faire un reportage ; et si vous voyiez ses yeux se remplir de larmes quand vous lui expliquez que Funtown [1] est interdit aux petits enfants de couleur ; si vous voyiez les inquiétants symptômes du complexe d'infériorité envahir son esprit enfantin, et sa petite personnalité s'altérer sous l'effet d'une rancœur inconsciente à l'égard des Blancs ; s'il vous fallait trouver une réponse à la question de votre petit garçon de cinq ans qui vous demande : « Papa, pourquoi les Blancs sont-ils si méchants avec les gens de couleur ? » ; s'il vous fallait, en voyage, dormir nuit après nuit sur les sièges inconfortables de votre voiture parce que vous savez qu'aucun motel ne vous acceptera ; si vous deviez subir jour et nuit la vue pénible des écriteaux où s'inscrivent les mots : « Blancs » ou « Gens de couleur » ; si, quels que soient vos noms, prénoms ou âge, on ne vous appelait jamais que « nègre », « mon vieux », ou « John » et si on ne faisait jamais

---

1. Parc d'attractions réservé aux enfants *(N.d.T.)*.

précéder le nom de votre femme ou de votre mère de l'appellation courtoise de « Madame » ; si vous étiez harcelé toute la journée et hanté toute la nuit par le fait que vous êtes un Noir, constamment sur le qui-vive et incertain de ce qui l'attend ; si la peur et la rancune vous habitaient et s'il vous fallait soutenir un incessant combat contre un sentiment dégradant de « nullitude » ; alors, oui, alors vous comprendriez pourquoi nous ne pouvons plus attendre. Il vient un moment où la coupe de la patience déborde et où l'homme refuse de se laisser noyer dans les abysses du désespoir. J'espère, Messieurs, que vous comprendrez ce qu'il y a de légitime et d'inévitable dans notre impatience.

Vous paraissez particulièrement inquiets de notre volonté d'enfreindre les lois. Votre souci est parfaitement justifié. Que nous, défenseurs si vigilants de l'application de la loi de la Cour suprême de 1954 interdisant la ségrégation dans les écoles publiques, nous ayons maintenant la volonté consciente d'enfreindre les lois, cela peut paraître à première vue assez paradoxal. On nous dit : « Comment pouvez-vous concilier l'infraction à certaines lois et l'obéissance à d'autres ? » À cela je répondrai qu'il y a deux sortes de lois : les justes et les injustes. Je suis le premier à préconiser l'obéissance aux lois justes. C'est une responsabilité morale aussi bien que légale. Or cette même responsabilité morale nous commande inversement de désobéir aux lois injustes. Et, comme saint Augustin, je pense qu'« une loi injuste n'est pas une loi ».

La question qui se pose maintenant est de savoir comment les différencier. Comment déterminer si une loi est ou n'est pas juste ? Une loi juste est une règle créée par l'homme en accord avec le sens moral ou avec la loi de Dieu. Une loi injuste est une règle qui ne concorde pas avec le sens moral. Pour reprendre les termes de saint Thomas d'Aquin : une loi injuste est celle qui ne prend pas racine dans la loi éternelle et naturelle. Toute loi qui permet à la personne humaine de se réaliser est juste. Toute loi qui la dégrade est injuste. Les statuts ségrégationnistes sont injustes car ils altèrent l'âme et abîment la personne. L'oppresseur y puise une fausse impression de supériorité et l'opprimé une fausse impression d'infériorité. Empruntant la terminologie du philosophe juif Martin Buber, je dirai que la ségrégation substitue la relation « Je-ça » à la relation « Je-tu » et relègue les êtres humains au rang d'objets. La ségrégation ne se contente pas de révéler la dégénérescence d'un système politique, économique et sociologique, c'est également une erreur et une faute morales. Paul Tillich a dit que le péché, c'est la séparation. La ségrégation n'est-elle pas l'expression existentielle de cette tragique séparation qui constitue à la fois l'atroce aliénation et le terrible péché de l'homme ? C'est pourquoi, tout en pressant les hommes d'obéir à la décision de 1954 de la Cour suprême, parce qu'elle est moralement juste, je les exhorte d'autre part à enfreindre les ordonnances ségrégationnistes, parce qu'elle sont moralement fausses.

Prenons un exemple plus concret : quand une

majorité soumet une minorité au joug d'une loi qu'elle-même ne respecte pas, c'est injuste, car alors la légalité n'est *pas la même* pour tous. Mais si une majorité soumet une minorité au joug d'une loi qu'elle est prête à appliquer elle-même, c'est juste, car alors la légalité *est la même* pour tous.

Allons plus loin : il est injuste d'infliger à une minorité une loi à l'élaboration de laquelle elle n'a pu participer, étant privée du droit de vote. Croyez-vous que les hauts magistrats qui votent les lois ségrégationnistes dans l'État d'Alabama ont été élus démocratiquement ? En Alabama, on tente par tous les moyens, même les plus détournés, d'évincer les Noirs des listes électorales, et dans certaines communes, où ils représentent pourtant la majorité de la population, il n'y a pas un seul électeur noir. Peut-on considérer comme démocratiques des lois édictées dans de telles conditions ?

Il arrive parfois qu'une même loi, selon la façon dont elle est appliquée, soit à la fois juste et injuste. Ainsi, j'ai été arrêté sous l'inculpation de « manifestation non autorisée ». Or il n'y a rien d'anormal à exiger une autorisation légale pour toute manifestation. Mais cette même loi devient injuste si on l'invoque dans le but de maintenir la ségrégation et de refuser aux citoyens américains le droit de réunion et de protestation que leur reconnaît le premier amendement.

J'espère que vous comprenez la distinction que j'essaie d'établir ici. Je n'encourage personne à tourner la loi ou à la mépriser, à l'exemple de ce que font les ségrégationnistes enragés. Quiconque enfreint une loi injuste doit le faire ouvertement, avec ferveur, et la volonté d'en accepter les conséquences. Je soutiens qu'un homme qui refuse d'obéir à une loi lui paraissant injuste en son âme et conscience, et qui se soumet de plein gré à la peine de prison afin d'en démontrer l'injustice à ses concitoyens, exprime en agissant ainsi son très grand respect pour la loi.

Certes, cette forme de désobéissance sur le plan civil n'est pas nouvelle. Rappelez-vous la célèbre et sublime attitude de Shadrach, Meshach et Abednego, qui refusèrent d'obéir aux lois de Nabuchodonosor pour la seule raison qu'une loi morale supérieure était en jeu ; ou celle des premiers chrétiens qui choisirent d'être jetés aux lions affamés ou de mettre leur tête sur le billot, plutôt que de se soumettre à certaines lois injustes de l'Empire romain. Jusqu'à un certain point, nous devons à la désobéissance civile de Socrate la liberté de pensée et d'expression dont nous jouissons aujourd'hui. Et chez nous, la Boston Tea Party fut un acte massif de désobéissance civile.

Il ne faut pas oublier que tout ce que fit Adolf Hitler en Allemagne était « légal » et que tout ce que firent les soldats hongrois de la liberté était « illégal ». Dans l'Allemagne hitlérienne, il était « illégal » de venir en aide à un Juif. Et pourtant, si j'avais été en Allemagne à ce moment-là, je suis sûr que j'aurais enfreint la loi et que je serais venu en aide à mes frères juifs. Et si aujourd'hui je devais vivre dans un pays communiste où certains principes chers à la foi chrétienne sont abolis, je refuserais de me soumettre aux lois antireligieuses de ce pays.

Frères chrétiens et juifs, je vous dois deux honnêtes confessions. Tout d'abord, je dois confesser qu'au cours de ces dernières années, j'ai été gravement déçu par les Blancs de tendance libérale. J'en arrive presque à la regrettable conclusion que le plus rude obstacle à la liberté des Noirs n'est pas le White Citizen Counciler, ni le membre du Ku Klux Klan, mais bien le Blanc libéral, qui préfère l'ordre à la justice, une paix négative – parce qu'il n'y a pas de tension – à une paix positive où règne la justice ; qui ne cesse de répéter : « Je comprends votre but, mais je ne peux pas admettre vos méthodes d'action directe » ; qui, avec une bienveillance paternaliste, se croit capable d'établir l'horaire de l'accession à la liberté des autres ; qui croit au mythe du temps et ne cesse de conseiller aux Noirs d'attendre un « moment plus favorable ». La compréhension superficielle des gens de bonne volonté est plus décevante que la totale incompréhension des adversaires. L'acceptation tiède est plus déconcertante que le refus absolu.

J'espérais des libéraux blancs qu'ils comprendraient que le rôle de la loi et de l'ordre est de faire régner la justice, faute de quoi ils se transforment en un dangereux barrage, bien fait pour obstruer le flot du progrès social. J'espérais que les libéraux sauraient voir dans la tension actuelle du Sud une phase nécessaire du passage de l'illusoire ordre public où le Noir subissait passivement son injuste condition, à l'ordre public véritable où tous reconnaîtraient la dignité et la valeur de la personne humaine. En fait, cet état de tension n'est pas né de notre révolution non violente. Nous n'avons fait que rendre perceptible un état latent depuis longtemps. Cette tension autrefois cachée est maintenant, grâce à nous, sensible à tous, et chacun s'en préoccupe. Pour soigner un abcès, il faut l'inciser sans crainte d'exposer sa laideur repoussante aux bienfaits de l'air et de la lumière. L'injustice est comme un abcès : pour y remédier, il faut l'exposer à la lumière de la conscience humaine et à l'air de l'opinion nationale, sans craindre la tension qui en résulte.

Vous affirmez que nos actes sont condamnables parce que, si pacifiques soient-ils, ils provoquent la violence. Est-ce logique ? Condamneriez-vous un homme volé pour la simple raison qu'en possédant de l'argent il attirait les voleurs ? Auriez-vous condamné Socrate parce que son amour de la vérité et ses recherches philosophiques furent cause qu'une populace ignare le condamna à boire la ciguë ? Faudrait-il condamner Jésus parce que, Fils de Dieu et totalement soumis à Sa volonté, il a par là même incité les Juifs à le crucifier ? Les tribunaux fédéraux l'ont constamment affirmé : on n'a pas le droit de contraindre un individu à renoncer à obtenir ses droits fondamentaux, sous prétexte que ses démarches pourraient entraîner la violence. Le rôle de la société est de protéger celui qui est volé et de punir le voleur.

J'espérais aussi que les libéraux blancs renonceraient à cette idée quasi mythique que toute chose vient en son temps, même quand il s'agit de la liberté. Je viens de recevoir une lettre d'un frère blanc du Texas. Voici ce qu'il écrit : « Tous les chrétiens savent qu'en définitive les gens de couleur obtiendront l'égalité des droits, mais peut-être votre ferveur religieuse vous entraîne-t-elle à trop d'impatience. Le christianisme a mis presque deux mille ans à mener à bien sa tâche. Les enseignements du Christ mettent du temps à porter leur fruit. » Cette attitude provient d'un tragique malentendu à propos du temps : je veux parler de cette notion assez étrange et irrationnelle selon laquelle le temps qui passe guérit à coup sûr tous les maux. En réalité, le temps est neutre : il peut détruire ou construire selon l'usage qu'on en fait. Et je suis de plus en plus enclin à croire que les hommes qui veulent le mal l'ont beaucoup mieux utilisé, et plus efficacement, que les gens de bonne volonté. Notre génération n'aura pas seulement à répondre des mots et des actes haineux des méchants ; il lui faudra aussi répondre du silence consternant des gens de bien. Le progrès humain ne coule pas de source. Il se forge au prix des efforts inlassables de ceux qui se veulent les artisans de Dieu, et sans leur dur labeur, le temps lui-même se fait l'allié des forces de l'inertie sociale. Nous devons utiliser le temps de façon créatrice en sachant que le moment est toujours venu de bien faire. Or il est temps maintenant de réaliser la démocratie qui nous a été promise et, renonçant aux stériles complaintes, d'entonner le vrai psaume de la fraternité. Il est temps maintenant de fonder notre politique nationale hors des sables mouvants de l'injustice raciale, sur le roc solide de la dignité humaine.

Vous qualifiez d'extrémistes nos activités à Birmingham. À cela, ma première réaction fut d'être plutôt déçu de voir des confrères taxer d'extrémisme mes efforts de non-violence. Je me mis à réfléchir ensuite sur ma propre position au sein de la communauté noire. Je me situe exactement entre deux tendances contraires. La première est de consentement : elle groupe d'une part ceux qui acceptent leur sort parce que les longues années d'oppression leur ont fait perdre tout respect d'eux-mêmes et tout sens de leur personne, et les ont conduits à s'adapter à la ségrégation ; et d'autre part quelques Noirs de la classe moyenne qui, parvenus à quelque sécurité économique et sociale, profitent plus ou moins de la ségrégation et se désintéressent du problème de la masse. La seconde tendance est à l'amertume et à la haine, et elle est en passe de devenir dangereuse par ses incitations à la violence. Elle réunit les différents groupes nationalistes noirs qui naissent un peu partout dans le pays et parmi lesquels le plus important et le plus célèbre est le mouvement « Muslim » d'Elijah Muhammad. Las de la continuelle frustration dont ils sont les victimes par la discrimination raciale, les membres de ce mouvement ont perdu leur foi en l'Amérique, renié complètement le christianisme, et sont arrivés à la conclusion que l'homme blanc est un « démon ».

J'ai voulu trouver une juste mesure entre ces deux forces, persuadé qu'il fallait secouer l'inertie des premiers et ne pas stimuler la haine et le désespoir des seconds. Car il y a la voie infiniment meilleure de l'amour et de la protestation non violente. Et je suis reconnaissant à Dieu de ce que, grâce à l'Église noire, la méthode non violente soit une des armes dans notre combat.

Sans elle, je suis persuadé que les rues du Sud seraient d'ores et déjà jonchées de cadavres. Je crois même que si nos frères blancs traitent de « fauteurs de troubles » et d'« agitateurs extérieurs » ceux d'entre nous qui emploient la non-violence, et s'ils refusent de soutenir nos efforts, des millions de Noirs, poussés par le besoin et le désespoir, chercheront consolation et sécurité dans les idéologies nationalistes noires ; ce qui conduira inéluctablement à un épouvantable cauchemar de guerre raciale.

Les opprimés ne peuvent le rester éternellement. Le désir de liberté se manifeste un jour, c'est ce qui arrive au Noir américain. En lui s'est réveillée la conscience de son droit naturel à la liberté ; et il a vu qu'on pouvait l'obtenir. Consciemment ou non, il a subi l'influence de l'« Esprit du Siècle » et, à la suite de ses frères noirs d'Afrique et de ses frères d'Asie, d'Amérique du Sud et des Caraïbes, le Noir américain a compris qu'il devait, d'urgence, se mettre en marche vers la Terre promise de la justice raciale. Si on prend conscience de cette impulsion vitale de la communauté noire, on comprend du même coup le pourquoi des démonstrations publiques. Les Noirs doivent se libérer des ressentiments si longtemps contenus et de leur sentiment latent de frustration. Ainsi donc, laissez-les entreprendre des marches, des rassemblements de prière devant les hôtels de ville, de grandes manifestations pour la liberté, et tâchez de comprendre pourquoi il faut qu'ils agissent de la sorte. S'ils ne peuvent se libérer par des moyens non violents, de toutes les émotions qu'ils ont refoulées, ils essayeront la violence comme moyen d'expression. Ce n'est pas là une menace, c'est un fait historique. C'est pourquoi je n'ai pas dit à mon peuple : « Soulagez vos rancœurs ! » J'ai essayé de lui faire comprendre que son grief, parfaitement normal et sain, pouvait être canalisé grâce à la non-violence, et devenir ainsi une force constructive. Et voici qu'on qualifie d'extrémiste cette démarche !

Ainsi, malgré ma déception première d'avoir été catalogué comme extrémiste, j'ai fini, en y réfléchissant, par en être flatté. Ces paroles de Jésus ne sont-elles pas d'un extrémiste de l'amour : « Aimez vos ennemis, bénissez ceux qui vous maudissent, priez pour ceux qui vous outragent et qui vous persécutent » ? Et celles d'Amos, d'un extrémiste de la justice : « Que le droit jaillisse comme de l'eau et la justice comme un fleuve intarissable » ? Et celles de Paul, d'un extrémiste de l'Évangile : « Car je porte en mon corps les stigmates de Jésus » ? Rappelez-vous ces mots de Martin Luther : « Telle est ma position. Je ne peux faire autrement. Que Dieu me soit en aide ! » Et ceux de John Bunyan : « Je resterai en prison jusqu'à la fin de ma vie plutôt que de piétiner ma conscience. » Et ceux d'Abraham Lincoln : « Cette nation ne peut survivre en restant à moitié esclave et à moitié libre. » Et enfin de Thomas Jefferson : « Il va de soi que tous les hommes sont nés égaux. » Ces hommes ne furent-ils pas tous des extrémistes ? Alors, il ne s'agit plus de savoir si nous sommes ou non des extrémistes, mais à quelle sorte d'extrémisme nous appartenons : celui de la haine ou celui de l'amour ? Celui qui protège l'injustice, ou celui qui propage la justice ? À Golgotha on a crucifié trois hommes. Nous ne devons pas oublier que tous trois furent condamnés pour le même crime : le crime de sédition. Les deux premiers, par leur extrême immoralité, étaient tombés en deçà du niveau de leur entourage. Mais Jésus-Christ, extrémiste de l'amour, de la vérité et de la bonté, s'était élevé au-dessus de son niveau. Aujourd'hui, le Sud a peut-être terriblement besoin de la force créatrice d'un certain extrémisme.

J'espérais que les libéraux blancs prendraient conscience de ce besoin. C'était être trop optimiste, sans doute, et trop exigeant. J'aurais dû savoir que, parmi les oppresseurs, très rares seraient les hommes capables de comprendre la profonde misère et les aspirations passionnées de la race opprimée ; plus rares encore ceux qui auraient assez de perspicacité pour saisir qu'une action solide, persévérante et déterminée déracinerait l'injustice. Ils sont trop peu nombreux, certes, mais ils sont grands par leur qualité. Beaucoup d'entre eux, comme Ralph McGill, Lilian Smith, Harry Golden, James McBride Dabbs, Ann Braden et Sarah Patton Boyle, ont décrit notre combat en des termes éloquents et prophétiques. D'autres n'ont pas craint de marcher avec nous dans les rues anonymes du Sud. Ils n'ont pas craint de partager nos immondes prisons infestées de vermine, de subir avec nous les outrages et la brutalité des policiers qui les traitaient de sales « *nigger-lovers* [1] ».

Ceux-là se sont désolidarisés de leurs frères et sœurs libéraux : ils ont compris que le temps pressait et qu'il était urgent de combattre par un traitement énergique la gangrène ségrégationniste.

Permettez-moi de noter ici l'autre cause – majeure – de ma déception. Je veux parler de l'Église blanche et de ses chefs. Il y a, bien sûr, quelques exceptions notables, et je ne considère pas comme négligeable le fait que chacun de vous a pris fermement position sur ce problème. Je salue en particulier le révérend Stallings pour la position chrétienne qu'il a prise, dimanche dernier, en accueillant les Noirs à son service religieux. Je salue également les chefs catholiques de cet État qui ont réalisé, il y a quelques années, l'intégration à Spring Hill College.

En dépit de ces notables exceptions, je dois répéter, pour être franc, que l'Église m'a déçu. En disant cela, je ne veux pas lui porter de ces accusations stériles qu'elle reçoit sans cesse de ses adversaires. Je le dis en tant que ministre de l'Évangile et membre de cette Église qui m'a nourri

---

1. Amis des nègres (à peu près : chouchouteurs de nègres) *(N.d.T.)*.

125

dans son sein, qui m'a soutenu de sa bénédiction spirituelle et à laquelle je resterai fidèle jusqu'à mon dernier souffle.

Quand on me désigna soudain pour mener la campagne des bus de Montgomery, il y a quelques années, je croyais que l'Église blanche nous soutiendrait. Je croyais que les pasteurs, les prêtres, les rabbins blancs du Sud seraient nos plus puissants alliés. Il n'en fut rien et certains allèrent même jusqu'à se ranger parmi nos adversaires, refusant de comprendre le véritable sens du mouvement pour la liberté et dénigrant ses leaders. Quant aux autres – tellement nombreux –, ils furent plus prudents que courageux et se retirèrent dans le silence et la sécurité de leurs sanctuaires, à l'abri dans la clarté lénifiante de leurs vitraux.

Malgré ces désillusions j'avais encore, en arrivant à Birmingham, l'espoir que les autorités religieuses auraient compris que notre cause était légitime et qu'elles sentiraient impérieusement le devoir moral de transmettre nos justes revendications aux autorités politiques. J'avais l'espoir d'être compris par chacun de vous, mais, cette fois encore, j'ai été déçu.

Il m'est bien souvent arrivé d'entendre, dans le Sud, des ministres du culte exhorter leurs fidèles à appliquer la loi d'intégration en raison de son caractère légal, au lieu des paroles que j'attendais désespérément de leur bouche : « Appliquez cette loi parce qu'elle est moralement juste et parce que le Noir est votre frère. » En face de criants outrages subis par les Noirs, j'ai vu les ministres blancs déclamer des anachronismes dans un pieux patois de Canaan. Au cœur du combat gigantesque que nous menons pour débarrasser le pays de l'injustice raciale et économique, je les ai entendus s'écrier : « Ce sont des problèmes sociaux et l'Évangile n'a rien à y voir. » Alors j'ai vu les Églises sombrer dans une religion désincarnée qui fait une étrange distinction, aussi peu biblique que possible, entre le corps et l'âme, le sacré et le profane.

J'ai sillonné l'Alabama, le Mississippi et tous les autres États du Sud. Sous le ciel brûlant de l'été ou dans l'air vif des matins d'automne, il m'a été donné de voir les très belles églises du Sud et de contempler les façades impressionnantes d'innombrables édifices religieux. À ce spectacle, je ne cessais de m'interroger : « Qui sont les fidèles de ces lieux sacrés ? Qui est leur Dieu ? Pourquoi n'ont-ils rien dit quand le gouverneur Barnett laissait échapper un torrent d'imprécations contre les lois en vigueur ? Où étaient-ils quand le gouverneur Wallace emboucha la trompette du mépris et de la haine ? Quel soutien ont-ils apporté aux hommes et aux femmes noirs qui, malgré leur lassitude et leurs blessures, ont décidé de quitter les ténèbres de la passivité pour entrer dans la brillante lumière d'un combat ouvert et constructif ?

Oui, ces questions je me les pose encore aujourd'hui. Profondément déçu, j'ai pleuré alors sur la mollesse de l'Église. Mais sachez que mes larmes étaient des larmes d'amour. Car une aussi profonde déception ne peut être que celle d'un grand amour. Oui, j'aime l'Église ; et comment faire autrement ? Je suis fils, petit-fils et arrière-petit-fils de prédicateurs. Oui, pour moi l'Église représente le corps du Christ. Mais comme il est meurtri, ce corps ! Comme il est souillé par notre négligence sociale et par notre peur du non-conformisme.

Il fut un temps où le pouvoir de l'Église était réel, le temps où les premiers chrétiens se réjouissaient d'être jugés dignes de souffrir au nom de Celui en qui ils croyaient. En ce temps-là, l'Église n'était pas un simple thermomètre servant à enregistrer les idées et les principes de l'opinion populaire ; c'était un thermostat capable de transformer les mœurs de la société. La seule présence dans une ville de ces premiers chrétiens suffisait à troubler ceux qui étaient au pouvoir : sans attendre, ceux-ci tentaient de les faire condamner en tant que « fauteurs de troubles » ou d'« agitateurs extérieurs ». Mais les chrétiens ne se laissaient pas arrêter, car ils avaient la conviction d'être des « envoyés du ciel », appelés à obéir aux ordres de Dieu et non à ceux de l'homme. Ils n'étaient pas nombreux, mais leur engagement était total. Rien ne pouvait leur faire peur : ils étaient pleinement les passionnés de Dieu. Et grâce à leurs efforts, grâce à leur exemple, certaines anciennes coutumes barbares, comme l'infanticide ou les combats de gladiateurs, prirent fin.

Aujourd'hui c'est bien différent. La voix de l'Église contemporaine est souvent si faible, si impuissante, si peu audible ou accessible ! Elle se fait si souvent l'ardente protectrice du *statu quo* !

Bien loin d'être troublées par la présence de l'Église, les autorités se sentent soutenues par l'approbation muette ou même orale donnée à l'état actuel des choses.

Mais à présent plus que jamais, le jugement de Dieu est sur l'Église. Si l'Église d'aujourd'hui ne retrouve pas l'esprit de sacrifice de l'Église primitive, elle perdra son authenticité et du même coup la foi de millions de fidèles, pour n'êtes plus qu'un club social anachronique sans aucun rapport avec le xxe siècle. Je rencontre chaque jour des jeunes gens dont la déception première à l'égard de l'Église s'est transformée en un dégoût complet.

Ai-je été trop optimiste, une fois de plus ? La religion, en tant que fait organisé, a-t-elle trop de liens inextricables avec l'état de choses actuel pour être capable de sauver notre pays et le monde ? Je dois peut-être faire confiance à l'Église spirituelle, qui est au cœur du croyant comme l'Église dans l'église, comme la véritable *ecclesia*, espoir du monde. Mais, je le répète, je remercie Dieu de ce que quelques âmes nobles ont quitté les rangs de la religion instituée, ont brisé les chaînes paralysantes du conformisme, pour devenir nos alliés dans notre combat pour la liberté. Ils ont quitté l'abri de leurs paroisses pour parcourir avec nous les rues d'Albany. Ils sont venus grossir nos défilés à travers le Sud. Même, ils sont venus en prison avec nous. Certains ont été démis de leur fonction pastorale, ils ont perdu l'appui de leur évêque ou de leurs collègues. Mais ils ont agi dans la foi, sachant que le bien vaincu vaut mieux que le mal triomphant. Leur témoignage a été le sel spirituel qui, dans ces temps de troubles, a préservé le véritable sens de l'Évangile. Nous étions écrasés par une montagne de déception : ils ont creusé dans cette montagne le tunnel de l'espoir.

Je souhaite que l'Église tout entière relève le défi de cette heure décisive. Mais, même si l'Église ne vient pas en aide à la justice, je ne crains pas pour l'avenir. Je n'ai pas peur du résultat de notre combat ici à Birmingham, même si pour l'instant on ne comprend pas nos motifs. Nous atteindrons le but de la liberté à Birmingham et dans le pays tout entier parce que le but de l'Amérique elle-même est la liberté. Quels que soient le mépris et les abus dont on nous couvre, notre destin est lié à celui de l'Amérique. Nous étions là avant que le bateau des pèlerins mît l'ancre à Plymouth. Nous étions là avant que Jefferson eût gravé dans les pages de l'histoire la solennelle Déclaration d'indépendance. Pendant plus de deux siècles, nos ancêtres ont travaillé sans salaire sur cette terre. Ils ont fait la fortune du coton, ils ont construit les maisons de leurs maîtres sans autre récompense qu'une énorme injustice et des humiliations sans fin. Et malgré tout, grâce à leur vitalité inépuisable, ils ont continué à croître et à se développer. Si les indicibles cruautés de l'esclavage n'ont pas réussi à les arrêter, les obstacles qu'on nous oppose aujourd'hui seront sans effet contre nous. Nous gagnerons notre liberté parce que nos requêtes contiennent l'héritage sacré de notre pays et l'éternelle volonté de Dieu.

Avant de terminer, je dois mentionner un autre point de votre déclaration qui m'a profondément troublé. Vous félicitez chaudement la police de Birmingham d'avoir su « maintenir l'ordre » et « éviter la violence ». Je doute que vous eussiez si chaudement félicité la police de Birmingham si vous aviez vu ses chiens enfoncer leurs crocs dans les jambes de Noirs désarmés et sans défense. Vous ne seriez sans doute pas si prompts à féliciter cette même police s'il vous était donné de voir les traitements hideux et inhumains qu'elle inflige aux Noirs ici même dans la prison ; si vous les aviez vu bousculer et injurier de vieilles femmes ou des jeunes filles noires et frapper et cogner des hommes ou de jeunes garçons. Vous ne les auriez peut-être pas tant applaudis si vous les aviez vus – ils l'ont fait par deux fois – refuser de nourrir leurs prisonniers parce que ceux-ci voulaient dire les grâces avant le repas, tous ensemble. Non, je ne peux me joindre à vous pour faire l'éloge de la police de Birmingham.

Il est exact que la police a fait preuve d'une certaine discipline au cours des arrestations de manifestants. Et on peut dire qu'ils ont – en public – fait preuve de « non-violence ». Mais leur but était de préserver la ségrégation. Or, ces dernières années, j'ai constamment insisté, dans mes conférences ou mes prédications, sur le fait que les moyens que nous utilisons doivent être aussi purs que les buts que nous voulons atteindre. J'ai tenté de démontrer qu'il ne fallait pas utiliser des moyens immoraux pour atteindre des buts moraux. Mais aujourd'hui, j'affirme qu'il est encore plus faux d'utiliser des moyens moraux pour atteindre un but immoral. M. Connor et ses hommes, comme le chef Pritchett à Albany, ont peut-être été relativement pacifiques en public, mais ils ont utilisé les moyens de la non-violence à seule fin de maintenir l'immorale injustice raciale. Comme l'a dit T. S. Eliot : « Suprême tentation et suprême trahison : accomplir un acte juste pour une mauvaise raison. »

J'eusse préféré vous voir faire l'éloge des « occupants de comptoirs » et des manifestants de Birmingham pour leur sublime courage, leur résolution de tout supporter et leur extraordinaire discipline en face d'une terrible provocation. Un jour, le Sud reconnaîtra ses véritables héros. Il y aura les James Meredith, avec la noble détermination qui lui permit de faire face aux quolibets de la populace hargneuse et aussi avec l'atroce solitude qui est le lot de tous les pionniers. Il y aura les femmes noires, âgées, opprimées, meurtries, dont l'attitude peut se résumer par celle d'une vieille de soixante-douze ans, à Montgomery. Elle avait décidé de suivre la grève des bus avec sa famille et, à quelqu'un qui s'inquiétait de sa fatigue, elle répondit : « Mes pieds sont fatigués, mais mon âme est au repos. » Il y aura les jeunes écoliers, les étudiants, les jeunes ministres de l'Évangile et la multitude de leurs aînés, qui tous acceptèrent d'occuper les comptoirs des snacks, sans violence, et d'aller en prison par acquit de conscience. Un jour, le Sud comprendra que lorsque ces enfants de Dieu déshérités étaient assis aux comptoirs, ils se dressaient, en fait, pour défendre ce qu'il y a de meilleur dans le rêve de l'Amérique et les valeurs les plus sacrées de notre héritage judéo-chrétien. Ils ramenaient notre pays aux grandes sources de la démocratie où puisèrent nos pères quand ils formulèrent la Constitution et la Déclaration d'indépendance.

C'est la première fois que j'écris une si longue lettre. Et je crains que sa longueur ne vous fasse gaspiller un temps précieux. Je peux vous assurer qu'elle eût été beaucoup plus courte si je l'avais écrite confortablement installé devant un bureau. Mais que peut-on faire d'autre quand on est à l'étroit dans une cellule, sinon d'écrire de longues lettres, de s'abîmer dans de longues réflexions et de longues prières ?

Si dans cette lettre j'ai dit quoi que ce soit qui outrepasse la vérité et indique de ma part une impatience déraisonnable, je vous en demande pardon. Si j'ai dit quoi que ce soit qui affaiblisse la vérité et indique de ma part une patience disposée à se contenter d'autre chose que de fraternité, j'en demande pardon à Dieu.

J'espère que cette lettre vous trouvera fortifiés dans la foi. J'espère aussi que les circonstances me permettront bientôt de vous rencontrer, non pas en tant qu'intégrationniste ou leader du mouvement en faveur des droits civiques, mais en tant que ministre de l'Évangile et frère en Jésus-Christ. Souhaitons tous que les nuages de l'injustice raciale et le brouillard épais de l'incompréhension s'éloignent bientôt de nos communautés angoissées, et qu'un

133

jour pas trop lointain voie se lever dans toute leur scintillante beauté les étoiles de l'amour et de la fraternité au firmament de notre grand pays.

Avec vous pour la cause de la paix et de la fraternité.

Martin Luther King, Jr.

CHAPITRE VI

Noirs et Blancs réunis

I

Après huit jours d'emprisonnement, Ralph Abernathy et moi-même, nous acceptâmes d'être libérés moyennant caution, et cela pour deux raisons. Il me fallait à tout prix reprendre contact avec les responsables de la SCLC et avec nos hommes de loi, afin d'étudier un plan d'action au sujet des cas litigieux qui n'allaient pas manquer de comparaître devant le tribunal. D'autre part, j'avais pris la décision de donner à notre campagne une tournure nouvelle qui, j'en étais sûr, accélérerait la victoire.

Je réunis mon équipe et, une fois de plus, je répétai ce que je n'avais cessé de déclarer depuis le début de notre campagne, à savoir que, si nous voulions gagner, nous devions coûte que coûte enrôler dans nos rangs les étudiants. Jusqu'ici en effet, dans toutes nos croisades, ce sont les jeunes qui, chaque fois, ont fourni l'étincelle nécessaire à l'embrasement général de notre mouvement. Mais à Birmingham, parmi les quatre ou cinq cents emprisonnés volontaires, on comptait jusqu'à présent deux tiers d'adultes. Nous avions, au début, considéré que c'était une bonne chose, car pour qu'une campagne soit réellement efficace, elle doit refléter l'image de la communauté. Mais il était temps maintenant d'enrôler parmi nous de plus en plus de jeunes. En impliquant des adolescents et des étudiants dans notre campagne, nous savions que nous prêtions le flanc à de nouvelles et sévères critiques, mais nous sentions le besoin du renouveau qu'apporterait cette dimension supplémentaire. Notre peuple manifestait quotidiennement et se déclarait prêt à se laisser emprisonner, et pourtant, nous nous heurtions encore au mur inébranlable de l'entêtement officiel à maintenir le *statu quo*. Notre combat, si nous gagnions, allait profiter à des gens de tous âges. Mais nous étions, pour la plupart, inspirés du désir de donner à nos jeunes le véritable sentiment de ce qu'ils avaient, eux, à gagner par la justice et la liberté. Nous sentions qu'ils auraient le courage de répondre à notre appel.

James Bevel, Andy Young, Bernard Lee et Dorothy Cotton entreprirent la tournée des collèges et des facultés de la région. Ils invitèrent les étudiants à des réunions qui avaient lieu dans les églises, après les cours. On se passa le mot, et la réponse de la jeunesse de Birmingham dépassa tout ce que nous avions pu espérer dans nos rêves les plus fous. Par cinquantaines, par centaines, les jeunes se rendirent aux réunions publiques et aux séances d'entraînement. Ils nous écoutèrent avec attention parler de la nouvelle ère de liberté qui allait s'ouvrir à Birmingham non pas dans un avenir hypothétique, mais maintenant. Nous leur enseignâmes la philosophie de la non-violence. Nous les invitâmes à consacrer au mouvement leur exubérance juvénile et leur ardeur créatrice. En eux nous trouvâmes l'ardeur et la soif d'une participation active à un réel effort social. Avec le recul, on voit clairement qu'avoir fait participer à notre campagne les enfants de Birmingham fut l'une de nos plus sages décisions. Grâce à eux, notre croisade prit un nouvel essor et s'enfla de toute la ferveur dont nous avions besoin pour sortir victorieux de notre combat.

Naturellement, cette décision suscita un tollé général. À la fin avril, l'attitude de la presse nationale avait considérablement changé et la plupart des libéraux nous accordaient une certaine sympathie. Pourtant, la majorité des journaux déplora notre façon d'« utiliser » nos enfants. Où étaient-ils ces journalistes, pensions-nous, pendant les siècles où notre système social de ségrégation avait usé et abusé des enfants noirs ? Qu'avaient-ils fait de leurs paroles protectrices, pendant toutes les années où les enfants noirs naissaient dans des ghettos, respirant dès leur premier souffle une atmosphère sociale où l'air pur de la liberté était vicié par la puanteur de la discrimination ?

D'ailleurs, les enfants se chargèrent eux-mêmes de répondre aux sympathies à contretemps de la presse. Je n'en veux pour exemple que cette réponse cinglante venue d'une enfant d'environ

huit ans qui accompagnait sa mère lors d'une manifestation. Un policier amusé se pencha vers elle et
lui demanda d'un ton mi-moqueur, mi-sévère :
« Qu'est-ce que tu espères ? » L'enfant plongea son
regard dans celui du policier et sans hésiter donna
sa réponse : « Libe'té », dit-elle. Elle ne savait
même pas encore prononcer ce mot, mais la trompette de l'ange Gabriel lui-même n'aurait pu rendre
une note plus juste.

Certains enfants, trop jeunes pour participer aux
marches, revendiquèrent et conquirent une place
dans nos rangs. Un jour, nous avions demandé des
volontaires ; six enfants d'un très jeune âge vinrent
se présenter. Andy Young leur dit qu'ils n'étaient
pas assez grands pour aller en prison, mais qu'ils
pourraient aller à la bibliothèque : « On ne vous
arrêtera pas là-bas, leur dit-il, et vous pourrez de
toutes façons y apprendre quelque chose. » Et c'est
ainsi que ces six petits enfants se dirigèrent vers
le grand bâtiment situé dans le quartier blanc, où,
quinze jours plus tôt, on les aurait jetés à la porte.
Timides, mais farouchement résolus, ils entrèrent
dans la salle des enfants et s'assirent : quelques
instants plus tard, ils étaient plongés dans leur lecture. À leur façon, ils avaient fait avancer la cause
de la liberté.

Les enfants comprenaient l'enjeu pour lequel ils
se battaient. Je me souviens d'un adolescent dont
le père, totalement dévoué à notre cause, resta
interdit quand il apprit que son fils s'était inscrit
comme manifestant. Le père opposa à son fils une
interdiction formelle. « Je ne veux pas te désobéir,

papa, dit le jeune garçon, mais je me suis inscrit. Si tu essaies de me garder à la maison, je m'échapperai. Si tu crois que je dois être puni pour ça, eh bien j'accepterai la punition, car, vois-tu, si je me suis enrôlé, ce n'est pas seulement parce que je veux être libre. Je l'ai fait parce que je veux aussi que toi et maman vous soyez libres, et je veux que cela arrive avant votre mort. » Le père réfléchit et donna à son fils son assentiment.

Des jeunes tels que celui-là furent une bénédiction pour notre mouvement, grâce à la flamme et à l'ardeur qu'ils y apportèrent. Et quand la jeunesse de Birmingham se joignit en masse à notre marche, on vit se produire un événement historique. Pour la première fois, dans l'histoire du mouvement en faveur des droits civiques, nous étions en mesure d'appliquer le principe de Gandhi : « Remplissez les prisons. »

Jim Bevel eut l'idée de fixer une date précise pour le démarrage de l'entrée en masse des étudiants dans nos manifestations publiques. Ce jour-là, on vit les jeunes affluer par vagues successives vers l'église baptiste de la 16e Rue. Au jour J – qui était le 2 mai – plus d'un millier de jeunes manifestants allèrent en prison. Le directeur d'une des écoles donna l'ordre de verrouiller les grilles de son établissement, pour empêcher les étudiants de sortir. Ceux-ci escaladèrent les grilles et s'enfuirent vers la liberté. Ils furent menacés d'expulsion, mais continuèrent à nous rejoindre jour après jour. À l'apogée de la campagne on comptait, d'après des évaluations prudentes, environ deux mille cinq cents manifestants en prison, et parmi eux une forte proportion de jeunes.

Malgré le sérieux de leur engagement et de leur comportement, ces adolescents possédaient l'humour merveilleux qui protège ceux qui s'offrent sans armes au danger. Sous la direction de leurs chefs, ils prenaient un malin plaisir à jeter la confusion parmi les troupes de police. Ainsi, un petit groupe, servant d'appât, se réunissait à l'une des portes de l'église, ce qui drainait aussitôt vers lui le cortège des policiers en voiture ou en motocyclette. Mais avant que les représentants de la force publique aient pu comprendre ce qui se passait, d'autres groupes de manifestants, par vingtaines, sortaient de l'église par d'autres portes et se mettaient en marche, dans un ordre parfait, vers le but que nous avions fixé dans le quartier blanc.

Beaucoup arrivaient à destination avant que la police ait pu leur faire front et les arrêter. Tout en marchant, ils chantaient et continuaient encore à chanter quand on les entassait dans les fourgons cellulaires.

D'ailleurs, les autorités de la police furent bientôt à court de fourgons cellulaires et durent emprunter les voitures du shérif et les bus scolaires.

Devant ces jeunes de Birmingham, il me revint à l'esprit un épisode de notre boycott des bus à Montgomery.

Quelqu'un avait demandé un jour à une vieille femme pourquoi elle s'était engagée dans notre combat, et elle avait répondu : « Je fais ça pour mes enfants et pour mes petits-enfants. »

140

Sept ans plus tard, les enfants et les petits-enfants, à Birmingham, agissaient pour leur propre compte.

II

Quand les prisons furent pleines, et que le regard brûlant du désaveu national se concentra sur Birmingham, Bull Connor arracha son masque de policier « non violent ». Les Américains et le monde entier eurent alors la vision d'une horreur devenue tristement célèbre. Les journaux du 4 mai publièrent des photos montrant des femmes jetées à terre et des policiers penchés sur elles, le gourdin levé ; des enfants affrontant les crocs menaçants des chiens policiers ; les énormes lances à incendie balayant les corps dans les rues.

C'est à cette époque que notre effort dut donner toute sa mesure, et le courage et la conviction de ces étudiants et de ces adultes firent de cette heure la plus belle de toute notre campagne. Nous ne rendîmes aucun coup, mais nous fîmes front. À aucun moment nous ne donnâmes libre cours à notre rancœur. Il se trouva parmi les spectateurs certaines personnes qui, n'ayant pas été entraînées à la discipline de la non-violence, réagirent à la brutalité des policiers en jetant des pierres et des bouteilles. Mais les manifestants restèrent non violents. Devant une telle résolution, devant une telle bravoure, la conscience de la nation s'émut profondément et, dans tout le pays, notre combat

141

devint celui des vrais Américains, de toutes races et de toutes confessions.

L'indignation qui gagnait le pays tout entier, la sympathie suscitée par les enfants, l'engagement de plus en plus profond de toute la communauté noire, tous ces facteurs s'ajoutaient pour créer une certaine atmosphère à l'intérieur même de notre mouvement. Nous étions fiers du progrès accompli et convaincus de notre victoire finale. En nous naissait un optimisme grandissant, qui nous donnait à croire que les barrières immuables auxquelles nous nous heurtions étaient désormais condamnées à disparaître et déjà en train de se désagréger. Nous fûmes avertis dans le plus grand secret que les affaires de la communauté blanche étaient en train de baisser sous l'effet de la mauvaise publicité qu'elles faisaient à leur cause, de notre boycott et d'une défection parallèle des acheteurs blancs.

Aussi curieux que cela puisse paraître, l'ensemble des citoyens blancs de Birmingham ne participaient pas au combat. Et ceci est l'un des aspects les plus extraordinaires de la croisade de Birmingham. Un an plus tôt, Bull Connor n'aurait presque rien eu à faire : son travail eût été accompli par des citoyens blancs animés d'une colère meurtrière. Aujourd'hui, tout le monde tenait à tirer son épingle du jeu. Je ne veux pas insinuer que les Blancs sympathisaient avec notre cause, ou qu'ils boycottaient les magasins pour nous suivre. Je veux simplement montrer que cette neutralité observée par la majorité des citoyens blancs de Birmingham illustre admirablement l'attitude opportuniste habituelle au Sud. Cette neutralité renforça le sentiment que nous avions d'être sur le chemin de la victoire.

Un jour, les événements furent si graves que même les hommes de Bull Connor furent ébranlés. C'était un dimanche après-midi, et plusieurs centaines de Noirs avaient décidé d'organiser une réunion de prière près de la prison. Le lieu de réunion était une église baptiste et on se mit en marche avec ordre. Bull Connor avait fait sortir les chiens policiers et les lances à incendie. Quand les manifestants approchèrent de la limite qui sépare le quartier noir du quartier blanc, Connor leur donna l'ordre de faire demi-tour. Le révérend Charles Billuts, qui dirigeait la manifestation, lui opposa un refus poli. Hors de lui, Bull Connor se tourna vers ses hommes et hurla : « Au diable, branchez les lances ! »

Et ce qui se passa lors des trente secondes qui suivirent fut l'un des événements les plus fantastiques de l'histoire de Birmingham. Les hommes de Bull Connor, leurs lances meurtrières prêtes à fonctionner, faisaient face aux manifestants. Ceux-ci, agenouillés pour la plupart, les regardaient calmes et immobiles. Alors les Noirs se relevèrent lentement et commencèrent à avancer. Les policiers, comme hypnotisés, reculèrent en tenant toujours leurs lances inutiles, tandis que plusieurs centaines de Noirs les dépassaient sans leur prêter attention et se rendaient au lieu de rassemblement, où la réunion de prière eut lieu comme prévu.

Un autre facteur nous encouragea à croire que nous approchions du but. Nous avions continué à manifester malgré l'injonction qui nous l'avait interdit. Par cet acte, nous avions encouru l'accusation de délit civil. En Alabama, le délit criminel est puni de cinq jours de prison tout au plus, mais le délit civil est beaucoup plus grave, car vous êtes alors pratiquement maître de votre destin : si vous vous rétractez, vous êtes relâché, sinon, on peut vous condamner à la prison à vie.

La plupart des manifestants avaient été accusés de délit criminel, sauf une dizaine d'entre nous – principalement les leaders – qui avions été condamnés sur le plan civil. En nous plaçant sous cette accusation, je crois que les autorités de Birmingham s'attendaient à nous voir nous rétracter plutôt que d'encourir la détention perpétuelle. Mais au moment de notre procès, en avril, tout le monde à Birmingham avait compris que nous ne nous rétracterions jamais, même si nous devions pourrir en prison. Les autorités allaient donc être obligées de nous condamner à la prison à vie. Certain, désormais, que nous ne céderions pas, l'attorney comprit indubitablement qu'il allait faire de nous des martyrs, ce qui ne manquerait pas de monter l'opinion publique nationale contre la ville de Birmingham.

Brusquement, on changea de tactique. L'accusation de délit civil se mua en accusation – moins sévère – de délit criminel, dont nous fûmes rapidement convaincus le 26 avril. De plus, le juge annonça qu'il reportait le jugement et nous donnait vingt jours pour faire appel. Nous ne doutâmes plus désormais que les bastions ségrégationnistes de Birmingham ne fussent en train de perdre du terrain.

III

Tout au long de la campagne, nous avions cherché à établir le dialogue avec les autorités de la ville, afin d'obtenir des négociations portant sur quatre points essentiels :

1) Intégration dans les snack-bars, les salles de repos, les salons d'essayage et les bars automatiques des bazars et des grands magasins.

2) Promotion et embauche des Noirs sans discrimination de principe, dans les affaires et l'industrie.

3) Abandon de toutes les accusations portées contre les manifestants retenus prisonniers.

4) Création d'un comité mixte pour l'étude d'un programme d'intégration dans d'autres domaines de la vie de Birmingham.

Malgré la pression intense exercée sur les milieux d'affaires de Birmingham, on trouvait parmi eux des hommes irréductibles, qui préféraient voir la faillite de leurs entreprises plutôt que de négocier avec nos dirigeants. Cependant, quand la pression exercée par l'opinion nationale sur la Maison-Blanche atteignit son point culminant – lors de la terrible journée du 3 mai –, l'administration fut forcée d'intervenir. Le 4 mai, l'attorney général chargea Burke Marshall, responsable de la question des droits civiques, et Joseph F. Dolan, l'un de ses plus proches collaborateurs, de trouver une solution au problème de la tension raciale. Marshall n'avait pas les pleins pouvoirs pour imposer sa décision, mais il avait l'autorité requise pour représenter le président au cours des négociations. Ce fut l'une des premières fois où le gouvernement fédéral joua un rôle aussi actif dans de semblables circonstances.

Je dois avouer pour ma part que, tout en appréciant l'intervention décisive de l'administration, je gardais au début quelques doutes quant aux intentions de Marshall. Je craignais qu'il ne veuille rétablir la paix « à tout prix » et qu'il ne conditionne les négociations en exigeant une trêve unilatérale de notre part. Rendons justice à Marshall : il n'adopta pas cette politique. Au contraire, il accomplit un travail précieux en établissant des contacts entre nos dirigeants et les principaux hommes d'affaires de la ville. L'un des plus farouches défenseurs de la ségrégation déclara après son entretien avec Marshall : « Cet homme sait écouter. Et il vous oblige à l'écouter ; cet entretien m'a été des plus profitables. »

Burke Marshall servit de catalyseur, et grâce à lui commencèrent des réunions secrètes avec les autorités de la ville. Au cours de ces séances, qui n'auguraient rien de précis au départ, nous établîmes les bases de l'accord qui devait nous faire obtenir satisfaction dans la majorité de nos revendications.

Pendant ce temps, la violence continuait de faire rage dans les rues de Birmingham. À la panoplie de Bull Connor était venue s'ajouter une voiture blindée. Et quelques Noirs, qui n'avaient pas suivi l'entraînement de nos méthodes non violentes, recommencèrent à riposter en lançant sur les policiers des pavés et des bouteilles. Un jour, les lances à incendie de Connor – leur pression était telle qu'elle arrachait l'écorce des arbres – renversèrent Fred Shuttlesworth contre le mur d'un immeuble. Souffrant de blessures à la poitrine, Fred fut emmené en ambulance. Quand Connor l'apprit, il fit l'une de ses réponses caractéristiques : « Dommage qu'on ne l'ait pas emmené en corbillard ! » Heureusement, Shuttlesworth jouit d'une solide résistance et bien qu'encore souffrant, il put assister à la conférence du lendemain.

Terrifiées par la violence déchaînée par leurs propres actes, les forces de police municipales demandèrent l'aide des troupes de l'État. La plupart des leaders blancs comprenaient qu'il était temps de faire quelque chose, mais parmi eux, il en restait encore qui refusaient de transiger. Or, un nouvel incident allait transformer ces récalcitrants en hommes de bonne foi. Le mardi 7 mai, les autorités municipales étaient réunies dans un immeuble du quartier blanc pour examiner nos revendications. Au début de la réunion, elles se montrèrent si intransigeantes que Burke Marshall finissait par désespérer d'obtenir un accord. L'atmosphère était chargée d'électricité et la tension montait.

C'est dans cet état d'esprit que ces quelque cent vingt-cinq hommes d'affaires levèrent la séance à l'heure du déjeuner. Mais lorsqu'ils furent dans la rue, ils eurent devant les yeux un spectacle extraordinaire. Ce jour-là, plusieurs milliers de Noirs s'étaient répandus dans la ville blanche. Les prisons débordaient et la police ne pouvait procéder qu'à très peu d'arrestations. Il y avait des Noirs sur les trottoirs, sur la chaussée, debout, assis devant les boutiques. Il y en avait des masses, un véritable océan de visages noirs. Ils ne commettaient aucune violence ; ils se contentaient d'être là et de chanter. Toute la ville basse résonnait des accents des chants de la liberté.

Stupéfaits, ces hommes d'affaires, détenteurs d'une position-clé dans cette grande ville, comprirent soudain qu'on ne pourrait plus arrêter ce mouvement. Lorsqu'ils revinrent – sans avoir pu toucher à leur déjeuner –, l'un d'eux, qui avait été jusqu'ici l'un de nos adversaires les plus acharnés, s'éclaircit la voix et dit : « Écoutez, j'ai réfléchi à tout ça, nous devons aboutir à quelque chose. »

C'était le début de la fin. Tard dans l'après-midi, Burke Marshall nous informa que des représentants du monde des affaires et de l'industrie voulaient rencontrer immédiatement les leaders de notre mouvement, pour fixer les bases d'un accord. Après un entretien de trois heures avec eux, nous fûmes convaincus de leur bonne foi. Sur cette assurance, nous ordonnâmes le mercredi matin une trêve de vingt-quatre heures.

Ce jour-là, le Président consacra toute la première partie de sa conférence de presse à la situation de Birmingham, insistant sur la nécessité qu'il y avait à regarder le problème en face et à lui trouver une solution, et exprimant sa satisfaction : à savoir qu'un dialogue était maintenant ouvert entre les deux parties. Au moment même où le Président parlait, la trêve fut soudain mise en péril, car Ralph et moi fûmes tout à coup mis en prison sous le prétexte d'une ancienne accusation. Quelques-uns de mes associés, se sentant trahis une fois de plus, se préparèrent à reprendre les manifestations. Mais on les contint. Nous fûmes très vite relâchés et les négociations reprirent.

Elles durèrent toute la nuit du mercredi et pratiquement toute la journée et toute la nuit du jeudi, avant d'aboutir à un résultat. Le vendredi 10 mai, cet accord fut annoncé. Voici quels en étaient les termes :

1) Intégration des snack-bars, salles de repos, salons d'essayage et bars automatiques, en étapes successives, au cours d'une période de quatre-vingt-dix jours après la signature.

2) Promotion et embauche des Noirs sans discrimination de principe dans la vie industrielle de Birmingham, devant réaliser, dans une période de soixante jours après la signature de l'accord, l'embauche des Noirs comme commis et vendeurs – et convocation immédiate d'un comité composé de personnalités du milieu de l'industrie et des professions libérales, chargé de mettre sur pied un programme local pour accélérer la promotion et

149

l'embauche des Noirs dans les catégories professionnelles qui leur étaient refusées jusqu'ici.

3) Coopération entre les milieux officiels et les représentants légaux du mouvement pour la libération des prisonniers, sur parole ou sur caution.

4) Établissement de contacts publics entre les Noirs et les Blancs, par l'intermédiaire du conseil municipal ou de la chambre de commerce, afin d'éviter la reprise des manifestations et des protestations.

Mais nous n'étions pas encore au bout de nos peines. La signature du traité de paix à Birmingham fut annoncée au monde entier grâce à la centaine de correspondants étrangers qui avaient suivi le déroulement de notre campagne sur les lieux mêmes du combat. La nouvelle fut en première page de tous les journaux américains et fournit leurs gros titres à tous les journaux télévisés. À Birmingham, elle déchaîna la fureur des ségrégationnistes. Ils promirent à de terribles représailles les hommes d'affaires blancs qui avaient négocié l'égalité des Noirs et les qualifièrent de « traîtres ». Et dans la nuit du samedi au dimanche, ils firent connaître, brutalement, ce qu'ils pensaient du traité. Après une réunion du Ku Klux Klan qui s'était tenue aux abords de la ville, la maison de mon frère, le révérend A. D. King, fut plastiquée. La même nuit, on plaça une bombe près du Gaston Motel : d'après son emplacement, elle devait tuer ou gravement blesser quiconque se trouvait dans l'appartement 30. Naturellement, les assassins ignoraient que, cette nuit-là, j'étais à Atlanta.

Ils avaient parfaitement calculé le moment de leur attentat. Les bars du quartier noir ferment à minuit et les bombes explosèrent au moment même où les premiers buveurs du samedi soir allaient rentrer chez eux. Immédiatement, des milliers de Noirs se déversèrent dans les rues. Mon frère, Wyatt Walker et d'autres eurent beau les supplier de rentrer chez eux, ils ne voulurent rien entendre, car ils n'avaient pas suivi l'entraînement de notre mouvement et n'étaient guère d'humeur à écouter des appels au calme. Alors le combat commença. Des pierres furent lancées en direction de la police, des voitures furent endommagées et brûlées. Ceux qui avaient placé les bombes avaient *voulu* la riposte des Noirs. Ils voulaient détruire le traité de paix.

Les troupes de la police d'État du gouverneur George Wallace, soi-disant « troupes de protection », encerclèrent immédiatement la quartier noir et y pénétrèrent armées de leur chiens et de leurs pistolets. Là, ils s'en donnèrent à cœur joie en frappant de nombreux innocents. Parmi leurs actes chevaleresques, citons le passage à tabac de la minuscule Anne Walker, femme de Wyatt, qu'ils attrapèrent au moment où elle essayait de pénétrer au Gaston Motel à demi détruit où se trouvait le quartier général de son mari. Ils se distinguèrent par la suite en frappant Wyatt lui-même, qui tentait de revenir chez lui après avoir conduit sa femme à l'hôpital.

Jamais je n'oublierai l'appel téléphonique que je reçus de mon frère cette nuit-là à Atlanta. Sa maison venait d'être démolie ; plusieurs personnes avaient été blessées au Gaston Motel. Je l'écoutai décrire le tumulte et la catastrophe qui s'étaient répandus dans les rues de la ville. Et soudain, tandis qu'il parlait, j'entendis à l'arrière-plan jaillir et monter l'écho d'un chant magnifique. Debout au milieu des décombres, menacés de toutes parts par la violence et la haine, nos adhérents chantaient : « Un jour nous vaincrons. » Alors je m'émerveillai d'entendre ces Noirs qui, au cœur d'une telle tragédie, pouvaient encore chanter leur espérance et leur foi.

Le lendemain, notre Président, extrêmement mécontent, prévint la nation que le gouvernement fédéral ne tolérerait pas que des extrémistes sabotent un pacte juste et équitable. Il expédia trois mille soldats fédéraux aux alentours de Birmingham et donna des ordres en vue de fédérer la garde nationale d'Alabama. Ce geste ferme tint en échec les fauteurs de troubles.

Pourtant, les ségrégationnistes les plus intransigeants devaient tenter encore une fois d'anéantir la paix. Le 20 mai, les journaux annoncèrent que mille étudiants qui avaient participé aux manifestations seraient soit momentanément, soit définitivement renvoyés de leurs établissements, suivant un décret du ministère de l'Éducation de Birmingham. C'était, j'en suis convaincu, une nouvelle tentative pour amener les Noirs à perdre le contrôle d'eux-mêmes et à se rebeller. Le complot faillit réussir car parmi nous certains pensèrent sérieusement qu'il fallait riposter par une grève générale de tous les étudiants de Birmingham et par la reprise des manifestations.

Je ne me trouvais pas à Birmingham à ce moment-là, mais j'y revins d'urgence pour convaincre nos leaders qu'il ne fallait absolument pas tomber dans le piège. Nous décidâmes de faire appel aux tribunaux, sous les auspices des services juridiques et d'éducation de la NAACP. Le 22 mai, le juge fédéral local donna son soutien au ministère de l'Éducation de Birmingham, mais le même jour, le juge Elbert P. Tuttle, de la cinquième cour d'appel, intervint : il ne se contenta pas de casser la décision du juge de district, mais il prononça une sévère condamnation contre le ministère de l'Éducation. Au moment où la nation doit résoudre le problème du retard scolaire, énonçait en substance le décret du juge Tuttle, c'est faire preuve d'irresponsabilité que de priver ces jeunes d'enseignement, pour la simple raison qu'ils se sont engagés dans une action légale pour l'obtention de leurs droits constitutionnels. Le soir où fut publié ce décret, nous eûmes une importante réunion publique. Ce fut un moment de grande joie qui marqua cette nouvelle victoire dans le combat gigantesque que nous avions engagé.

Le lendemain, la Cour suprême d'Alabama mettait Bull Connor et ses hommes de main à la porte, une fois pour toutes.

IV

Je ne peux clore le récit des événements de Birmingham sans mentionner l'extraordinaire soutien moral et financier que nous prodigua le monde entier pendant les six semaines que dura la campagne, et pendant les semaines et les mois qui suivirent. Nous étions par trop pris dans nos difficultés au jour le jour pour lancer un appel en règle pour l'obtention de fonds. Et pourtant, nous reçûmes sans cesse, au quartier général du Gaston Motel ou à Atlanta, des lettres d'encouragement et des dons qui allaient de quelques centimes prélevés péniblement sur de pauvres budgets, à des sommes très importantes.

Et l'un des aspects les plus réconfortants de tous ces événements fut la preuve d'unité sans précédent offerte par la communauté noire de l'Amérique entière, qui ne cessa de soutenir notre croisade. Des pasteurs, des leaders du mouvement en faveur des droits civiques, des conférenciers, des athlètes célèbres et de simples citoyens vinrent de toutes les provinces pour parler lors de nos réunions ou se joindre à nos manifestations et aller avec nous en prison. Les services juridiques et d'éducation de la NAACP nous vinrent en aide à maintes reprises, sur le plan financier aussi bien que juridique. Beaucoup d'autres organisations, ou individus, nous firent le don précieux de leur temps, de leur argent et de leur soutien moral.

La signature de l'accord marqua l'apogée d'un long combat pour la justice, la liberté et la dignité humaine. Certes, Birmingham n'est pas encore le paradis : l'intégration ne s'y est pas faite du jour au lendemain, comme par miracle. La violence et la résistance y sévissent encore. Le gouverneur y est encore un ségrégationniste convaincu, décidé à tout pour préserver les privilèges raciaux et dont les hauts faits entachent encore l'actualité ; et le Président, harcelé de tous côtés, doit encore faire peser toute son autorité pour qu'un enfant noir puisse y fréquenter la même école qu'un enfant blanc. Mais cela ne fait que souligner une vérité que les ségrégationnistes eux-mêmes n'ignorent plus : le système qu'ils ont défendu gît maintenant sur son lit de mort ; la seule chose qu'ils ne savent pas encore est le prix que leur coûtera l'enterrement.

J'aime à croire que Birmingham sera un jour le modèle des relations raciales pour tout le Sud. J'aime à croire que les outrances dont elle fut le théâtre décideront des réalisations positives de l'avenir ; que les fautes d'un passé ténébreux seront rachetées par les œuvres d'un futur radieux. J'ai cette espérance car, par un jour d'été, un rêve s'est fait réalité : la ville de Birmingham s'est découvert une conscience.

CHAPITRE VII

L'été de notre colère

I

Il y a plus de vingt-cinq ans, un État du Sud fut l'un des premiers à expérimenter une nouvelle méthode de peine capitale. Le gaz remplaça la guillotine. À cette époque, on plaçait un micro dans la chambre hermétique afin que des observateurs scientifiques puissent recueillir les dernières paroles du condamné et juger ainsi des réactions humaines face à de telles circonstances.

La première victime fut un jeune Noir. Tandis que les capsules empoisonnées tombaient dans la cuve, libérant le gaz mortel, voici ce qu'on entendit, grâce au micro : « Sauve-moi, Joe Louis... Sauve-moi, Joe Louis... Sauve-moi, Joe Louis... »

Il est déjà bouleversant d'avoir à entendre les dernières paroles d'un être humain mourant par la force. Mais les paroles de ce jeune garçon sont peut-être plus poignantes encore, car elles révèlent l'impuissance, la solitude et le profond désespoir des Noirs à cette époque. Le jeune condamné à mort, dans son désir de s'accrocher à quelqu'un qui pourrait se soucier de lui et lui venir en aide, ne put trouver qu'un seul nom : celui du champion du monde de boxe, catégorie poids lourds. Oui, Joe Louis se soucierait de lui, car Joe Louis était un Noir. Par ses seules paroles, le jeune agonisant avait écrit tout un commentaire social. Aucun Dieu, aucun gouvernement, aucun homme blanc, si charitable soit-il, ne pourrait lui donner un dernier espoir ; seul un Noir, champion du monde, pouvait lui venir en aide.

Moins de trente ans plus tard, les Noirs ont découvert l'esprit de lutte et chacun a pu faire, en lui-même, l'expérience de son pouvoir. Affrontant souvent volontairement la mort, en bien des lieux, ils n'ont compté pour les aider et les protéger que sur leur propre unité. Au cours de l'été 1963, l'invocation étrange et naïve de Joe Louis s'est muée en un puissant cri de défi. Le sentiment d'impuissance s'est transformé en confiance quand des centaines de Noirs ont découvert qu'une organisation utilisant l'action directe non violente avait un énorme pouvoir de transformation sociale.

Comme pour illustrer ce changement, un autre champion du monde poids lourds vint à Birmingham cet été-là : il se nommait Floyd Patterson. Patterson ne vint pas en sauveur : il vint parce qu'il se sentait fils de son peuple. Jamais, de toute sa carrière, Patterson ne fut davantage un champion que le jour où il apparut, loin de sa villa, pour réconforter un peuple misérable, engagé lui aussi dans un combat meurtrier.

Si l'on voulait mesurer les gains obtenus au cours de cet été-là – en additionnant les milliers de restaurants, hôtels, parcs et piscines intégrés ; en faisant le total des nouvelles professions ouvertes aux Noirs ; en dressant la liste des villes et des villages où flottait désormais le drapeau de la victoire – on resterait en dessous de la vérité. Car pour saisir les vraies dimensions de la victoire, il faut comprendre l'évolution qui s'est produite dans l'esprit de plusieurs millions de Noirs. Des profondeurs où l'emprisonnaient leurs chaînes, l'esprit de la liberté a brusquement jailli. Les Noirs se sont soudain senti l'égal de n'importe qui. Au cours de l'été 1963, les Noirs écrivirent la proclamation de leur émancipation. Secouant trois siècles d'esclavage, aussi bien psychologique que physique, ils s'écrièrent : « Nous pouvons nous libérer nous-mêmes ! »

L'ordre ancien s'éteint, et peu importe quelles Bastille restent encore à prendre, puisque les esclaves se débarrassent définitivement de la psychologie de la servitude. C'est ce qui est arrivé l'année dernière dans le secret de millions d'esprits. Tel fut le champ, invisible mais vaste, de la victoire. « Est-ce un produit de mon imagination, disait un homme d'affaires blanc, ou bien les Noirs se tiennent-ils vraiment plus droits, depuis quelque temps ? » « Est-ce l'impression que vous avez ? répondit un leader noir qui se trouvait à ses côtés. Enfin, mon Dieu, enfin ! »

Pendant des centaines d'années, un peuple opprimé a doucement sangloté, sans être entendu des millions d'Américains blancs – pendant des centaines d'années, seule une infime minorité de gens un peu plus sensibles que les autres ont vu et ressenti l'amertume de la vie des Noirs. Mais l'été dernier, le silence s'est enfin déchiré : les lamentations se sont transformées en un hurlement, puis en un rugissement et pendant des mois plus un seul Américain, noir ou blanc, n'eut la moindre possibilité de demeurer dans son isolement ou son inconscience. La marche vers la liberté s'est rythmée, s'est allongée, elle est devenue galop sous le regard de la nation tout entière. Le Noir s'est imposé à la conscience du pays et a enfin déroulé le spectacle de ses misères sous le feu de milliers de projecteurs, obligeant l'Amérique blanche à regarder en face les faits hideux de la réalité. Aucune époque de l'histoire des États-Unis, sauf la guerre civile et la Reconstruction, n'a connu un tel effort des Noirs pour améliorer leur condition. Aucune période n'a vu autant de fêlures dans la carapace gelée de la ségrégation.

Comme il eût été plaisant de pouvoir raconter que Birmingham se calma après la tempête et progressa d'une façon constructive, justifiant ainsi les espoirs de tous ceux qui avaient mis en elle leur confiance. Oui, cela eût été plaisant, mais faux. Après avoir mimé une fausse et hypocrite soumission aux termes de l'accord, les rôdeurs nocturnes du XXe siècle, assoiffés de sang, devaient revenir en scène pour jouer encore un rôle. Par un matin de septembre figé d'horreur, ils ôtèrent la vie à quatre jeunes filles innocentes en train d'étudier dans leur classe d'école du dimanche. La police tua un autre enfant dans les rues de la ville et de jeunes Blancs emplis de haine portèrent à son point culminant ce jour de cauchemar en assassinant, pour le seul plaisir, un jeune enfant noir qui, sans défense, roulait à bicyclette.

Ces actes étaient terribles, mais, étrangement, ils sont moins terribles que la réponse que leur fit la communauté blanche de la ville. Ceux qui attendaient des excuses officielles furent déçus. Ceux qui espéraient que les autorités se rachèteraient en ouvrant la voie à des réformes constructives durent abandonner cet espoir. Bien au contraire, les timides manifestations de bonne volonté disparurent. Le conseil municipal refusa d'engager des policiers noirs. Les commerçants avaient fait quelques progrès dans le cadre des termes de l'accord, mais ils l'interprétaient dans son sens le plus étroit. La ville intégra la bibliothèque, le terrain de golf et plus tard les écoles et les édifices publics, mais les progrès se faisaient à contrecœur, sans conviction. Et sans doute les obsèques des enfants martyrs dévoilèrent-elles plus particulièrement le manque de conscience de la majorité blanche. Aucun fonctionnaire officiel blanc n'y assista. On ne vit aucun visage blanc, sauf quelques courageux ecclésiastiques, en nombre dérisoire. Ce jour-là, la ville n'était pas en deuil seulement de la perte de ces enfants : elle avait aussi perdu l'honneur et la dignité.

Certaines voix de Blancs se firent pourtant entendre avec courage, mais peu les écoutèrent avec sympathie. Le discours de Charles Morgan après le plastiquage de la salle d'école du dimanche fut une courageuse exhortation à la honte collective. Pour prix de son intégrité, Morgan, qui était un éminent avocat, fut obligé d'abandonner sa clientèle et de quitter l'État avec sa famille.

Alors, les Noirs de Birmingham se détournèrent des politiciens et cherchèrent auprès des grands industriels un signe d'encouragement leur permettant d'espérer que l'esprit des accords de mai n'était pas définitivement éteint. Non seulement la grosse industrie était indépendante et puissante, mais elle étendait ses ramifications jusqu'au Nord. Le fiel et la haine des Blancs du Sud ne peuvent rien contre l'US Steel, énorme et puissante oligarchie qui règne à Birmingham, dans le pays tout entier et dans le monde. Au bout de quelques mois, le président Roger Blough fit savoir, de New York, qu'en dépit de la prédominance de l'US Steel à Birmingham, ce n'était pas son rôle d'influencer la politique de la ville en se mêlant des questions raciales. « Nous avons fait notre devoir à Birmingham », déclara-t-il. Évidemment, si les autorités avaient décrété des taxes nouvelles ou publié des ordonnances contraires à la production, la grande machine de l'US Steel se serait alors immédiatement mise en branle et aurait usé de son poids pour faire pencher la balance en sa faveur ! Mais l'injustice raciale ne concerne pas les bénéfices. Elle leur est même profitable. Elle ne blesse que des gens, non les affaires : alors, la plus grande puissance indépendante de Birmingham nous tourna le dos.

À ce moment-là, maints observateurs s'appuyèrent sur ces faits pour déclarer que Birmingham était le Waterloo de l'action directe non violente. Il s'agissait de savoir si la résistance blanche était assez solide pour que tout l'héroïsme, l'audace et le sacrifice des Noirs s'y soient définitivement brisés, « non pas en explosant mais en se réduisant à de pauvres lamentations », selon les paroles d'Eliot.

Il y a cent soixante-quinze ans, de simples fermiers de la Nouvelle-Angleterre tentèrent de se maintenir sur une colline attaquée par la brillante armée anglaise. Les fermiers américains étaient bien inférieurs en armes et en nombre à leurs adversaires. Ils n'avaient aucun entraînement, aucune discipline militaire. Mais ils repoussèrent pourtant deux attaques anglaises par la seule force de leur courage et de leur volonté. À la fin, ils furent chassés sous le feu de l'ennemi et mis en déroute, et l'armée du roi George conquit la colline. Mais Bunker Hill devint le symbole de la Révolution américaine et au cours des années suivantes, chaque fois que les colons durent subir un siège, le souvenir du Bunker Hill fut pour eux la source d'inspiration de la victoire. On se souvient moins bien de la grande victoire de Yorktown que de la valeureuse défense des hauteurs de Boston.

À Bunker Hill, ce qui n'était qu'une poignée d'hommes apprit à devenir une armée. Les Britanniques conquirent la colline, mais les colons conquirent le respect d'eux-mêmes et la profonde estime de leurs adversaires. Par la suite, les Britanniques ne tentèrent jamais plus de reprendre aux

Américains une position fortifiée. Les vrais vainqueurs de cette bataille furent ceux qui la perdirent, alors que ceux qui la gagnèrent ne furent, en fait, que les vaincus.

À Birmingham, ce fut un peu différent, pour la seule raison que les Noirs ne reculèrent pas : ils remportèrent même quelques gains substantiels. L'intégration des snack-bars, des bibliothèques et des écoles peut sembler dérisoire comme point de départ par rapport à la gigantesque forteresse de l'injustice à laquelle ils s'attaquaient ; mais la valeur des brèches est à la mesure de cette ampleur. Et Birmingham fit plus que cela : elle devint le détonateur d'une révolution partie pour gagner une quantité d'autres victoires.

Au moment où j'écris ces lignes, le calme règne momentanément à Birmingham. Pour moi, j'aurais préféré qu'on reprenne les manifestations après les attentats de septembre, mais certains membres de notre mouvement y étaient opposés, et la plus grande unité étant indispensable, je m'inclinai. Les autorités de Birmingham ont encore une chance de remplir spontanément leurs promesses. Aux Blancs de choisir s'ils agiront de leur propre mouvement ou sous la pression de nouvelles manifestations. Car ils agiront, c'est un fait certain, aussi évident que l'appartenance actuelle de Bunker Hill aux États-Unis.

II

Notre Révolution s'était effectuée sans état-major, ni programme à l'échelon national. Impossible, donc, d'effectuer un compte sérieux des gains. Mais il était hors de doute qu'à la fin de l'année 1963, le Noir avait accompli en une seule année plus de chemin qu'au cours du dernier siècle.

Une révolution ne se règle pas comme un ballet. Aucun des pas, aucun des gestes exécutés ne répond à un plan soigneusement préétabli. Notre mouvement prouva partout la spontanéité de sa progression. L'injustice, la discrimination et l'humiliation se manifestent à tous les coins de rue, dans toutes les villes, qu'elles soient du Nord ou du Sud. Les villes où nous entreprenions des campagnes étaient généralement choisies au hasard. Partout où se trouvait une élite noire, partout où les officiels blancs se montraient grossiers et arrogants, la tempête s'élevait. Certaines villes impliquées dans la bataille n'étaient pas forcément parmi les plus ségrégationnistes. Savannah, Atlanta, Nashville, bien que fort en avance sur les autres centres du Sud, ne furent pas pour autant épargnées. La direction du mouvement noir y accentua son progrès. Dans toutes les autres cités, les protestations n'en étaient encore qu'à leurs débuts et, à la fin des démonstrations, elles n'avaient gagné que de partielles victoires. Mais ces semi-victoires représentaient déjà un énorme progrès sur le néant.

En certains endroits, les autorités blanches avaient durci leur position. Pour elles, l'injustice n'était pas un mal à corriger – même en partie –, c'était une institution à défendre. Face à l'armée de la non-violence, les ségrégationnistes placèrent leurs légions haineuses. Et certains noms restent désormais dans les mémoires attachés à la honte de l'Amérique : Oxford, au Mississippi, où la populace assoiffée de sang attaque les troupes fédérales : il y aura deux morts avant que l'ordre soit rétabli. Jackson, au Mississippi, où Medgar Evers, secrétaire de la NAACP, est assassiné dans une embuscade. Gadsden, en Alabama, où on utilise une arme inédite et barbare contre les Noirs : les barbelés électrifiés. Danville, en Virginie, où d'honnêtes citoyens blancs, inquiets de constater que la police n'est pas assez brutale, décident de porter désormais un revolver.

Cambridge (Maryland) et Rome (Géorgie) présentent quelques différences quant à leur degré de brutalité, mais elles se ressemblent par leur forme de résistance. D'un certain point de vue, ces batailles furent des défaites pour notre mouvement. Mais d'un autre côté, elles portaient en elles les germes de la victoire. Les communautés blanches pouvaient bien infliger aux Noirs les pires maux, elles ne parvinrent pas à les maintenir à l'écart. Les coups dont elles nous gratifièrent eurent pour seul effet d'unifier nos rangs, d'affermir notre résistance et de faire appel à nos plus profondes réserves de courage.

Avec le recul, l'été 1963 marque une date historique : car ce fut la première fois qu'on vit les Noirs lancer l'offensive sur un si large front. Les révoltes d'esclaves de l'ancien Sud, bien qu'héroïques, n'avaient été que des mouvements spasmodiques et isolés et ce ne fut qu'un siècle plus tard qu'elles se fondirent en un assaut massif et simultané contre la ségrégation. On vit alors les vertus considérées jusqu'ici comme la propriété exclusive des Sudistes blancs – la galanterie, la loyauté, la fierté – devenir, dans la chaleur des batailles d'été, l'apanage des manifestants noirs.

En évaluant les événements de l'été, certains observateurs ont cherché à diminuer notre action, en considérant les manifestations comme une fin en soi. L'héroïsme des marches, les dramatiques confrontations devinrent, dans leur esprit, un aboutissement. Certes, ce sont des éléments significatifs, mais ignorer les gains concrets qui démantelèrent peu à peu la structure de la ségrégation, c'est comme remarquer la beauté de la pluie en oubliant qu'elle enrichit le sol. Un mouvement social qui ne touche que des hommes est une révolte. Mais un mouvement qui transforme les hommes *et* les institutions s'appelle une révolution.

L'été 1963 fut une révolution car il changea le visage de l'Amérique. La liberté se propagea comme une contagion. Sa fièvre embrasa un millier de villes et il n'était pas encore à son déclin que plusieurs milliers de restaurants, hôtels, parcs et autres lieux publics étaient déjà intégrés.

Lentement, de façon inégale, certaines professions s'ouvrirent aux Noirs. Ceux qui étaient capables d'y accéder n'étaient pas encore aussi nombreux que la génération qui les suivait. Dans les grandes cités du Nord, on vit poindre un changement encore plus significatif. De nombreuses entreprises encoururent des blâmes, non parce qu'elles employaient des Noirs, mais parce qu'elles n'en employaient pas. Accoutumées jusqu'ici à ignorer le problème, elles durent, devant son acuité, s'absoudre en hâte aux yeux de l'opinion, en donnant des gages concrets de leur bonne volonté. C'est ainsi que, pour la première fois de sa vie, un jeune Noir très qualifié se vit proposer une situation dans l'industrie. Un grand nombre de Noirs affectaient un cynisme, assez compréhensible d'ailleurs, en voyant s'ouvrir brusquement les portes devant eux, comme s'ils étaient nouvellement arrivés sur la planète. Quoi qu'il en soit, et quels que soient les motifs de ce brusque changement, la discrimination perdait, là aussi, du terrain.

Le bruit de l'explosion de Birmingham parvint jusqu'à Washington où l'administration, qui venait d'ajourner la question des droits civiques, révisa hâtivement son programme et plaça en tête du calendrier du Congrès un projet très ferme à ce sujet. Au moment où j'écris ces lignes, le projet n'est pas encore devenu loi et il faudra ensuite attendre que la loi soit appliquée dans la vie courante. Mais devant l'unanimité qui se fit en face de ce problème, au cours de l'été 1963, on peut être sûr désormais que la réalisation ne saurait tarder[1].

---

1. Cette loi a été votée par le Sénat le 22 juin 1964, mais son application se heurte encore à bien des difficultés *(N.d.T.)*.

III

Par ses premiers succès, toute révolution sociale donne naissance à deux conséquences simultanées : elle attire à elle des forces nouvelles et en même temps cristallise l'opposition. Notre Révolution se conforma en tous points à ce modèle. Le mouvement se développa de façon spectaculaire. Nous reçûmes la sympathie de différentes sources, noires et blanches, sympathie qui ne cessa de croître. Le nombre des mouvements affiliés à la SCLC passa de quatre-vingt-cinq à cent dix. Des estimations approximatives indiquèrent que plus d'un million d'Américains avaient assisté à des manifestations de solidarité à Washington, New York, Los Angeles, San Francisco, Cleveland, Chicago et Detroit, pour ne citer que quelques villes. Il y eut un autre fait tout aussi significatif, quoique moins frappant : des centaines d'organisations – civiques, religieuses, ouvrières ou patronales –, parlant au nom de leurs dizaines de millions d'adhérents, affirmèrent résolument leur sympathie envers notre mouvement. De telles déclarations n'étaient pas nouvelles, mais comme jusqu'ici elles n'avaient été que de simples effets oratoires, totalement dépourvus de sens, les Noirs auraient très bien pu en déprécier la valeur. Pourtant, elles contenaient cette fois une qualité nouvelle qui leur donnait une signification plus dynamique. Reconnaissant que le mouvement était principalement un mouvement d'action directe non violente, ces organisations exhortèrent pour la première fois leurs adhérents à se joindre aux manifestants, sur le front même des combats. Pour la première fois, elles se commettaient avec nous, au lieu de commenter...

Les shérifs et les officiers de police affrontèrent une situation entièrement nouvelle. Des chefs d'Église d'un renom national se compromirent à leur tour pour aller en prison. On vit prendre place dans le fourgon cellulaire, entre un domestique noir et un conducteur de camions, l'une des plus éminentes figures de l'Église presbytérienne. Des prêtres catholiques, des rabbins de la communauté juive se montrèrent aux premières lignes, défenseurs de l'éthique de justice sociale de l'Ancien et du Nouveau Testaments qui, une fois déjà, avait changé le monde.

Nous nous attendions à voir se cristalliser l'opposition ségrégationniste ; mais nous eûmes à affronter une autre résistance, dont nous n'avions qu'une vague idée. « L'enfer est pavé de bonnes intentions », dit-on. On le vit lors de cette épreuve de force de 1963. Les libéraux, malgré leurs « bonnes intentions », n'hésitèrent pas à porter des pancartes où s'inscrivaient ces mots : « Ordre d'abord, justice après. » La plupart de ces libéraux se considéraient comme les amis du mouvement en faveur des droits civiques et nul ne pouvait en effet songer à les associer moralement aux forces de la ségrégation et de la violence. Mais brusquement, ils durent affronter une logique à laquelle les générations noires précédentes, plus passives, ne les avaient pas préparés. Depuis longtemps, ils vivaient sur un compromis facile et confortable. Oui, ils approuvaient les signes de changement et ils étaient persuadés que les Noirs s'en contenteraient. Ils ne demandaient pas aux Noirs de continuer à vivre dans leur ancien ghetto ; ils étaient prêts à leur en construire un flambant neuf... avec même la possibilité d'en sortir, pour une élite réduite ! Mais l'ampleur qu'avait prise le mouvement rafraîchit leur ardeur. Le Noir demandait l'égalité totale : dans les professions, le logement, l'enseignement et la promotion sociale. Il voulait une vie pleine et normale pour tout son peuple. Les libéraux avaient bien voulu suivre un bout de chemin avec lui, mais au moment de passer à l'application de l'égalité complète, ils préféraient sonner la retraite.

Le ressentiment, la colère envers les militants noirs et une certaine indifférence succédèrent à l'enthousiasme du début. Nous aurions la part belle en nous contentant de dénoncer cet état d'esprit, ou de l'ignorer, tout simplement, mais je crois plus sage d'essayer de le comprendre. Ces hommes et ces femmes, en dépit de leurs hésitations, ne sont pas nos principaux ennemis. Ils ne sont pour nous que des obstacles temporaires et, qui sait, des alliés en puissance.

Il est clair maintenant que la Révolution est en train de s'attaquer aux racines du mal. On a trop longtemps sous-estimé la profondeur du racisme en Amérique. L'opération chirurgicale qui délivrera le pays de cette maladie est forcément complexe et délicate. Pour commencer, il faut passer notre histoire aux rayons X, afin de connaître l'étendue du mal. Le préjugé antinoir fait partie intégrante de la personnalité américaine ; ce préjugé s'est nourri de la doctrine de l'infériorité d'une race par rapport à l'autre. Pourtant, ce serait minimiser les dimensions du mal que de concentrer sur le seul Noir le mythe américain de la « race inférieure ».

Notre nation est née d'un génocide à partir du moment où elle fit sienne l'idée que les premiers Américains – les Indiens – appartenaient à une race inférieure. Notre société coloniale portait déjà l'empreinte des haines raciales, bien avant l'arrivée massive des Noirs sur nos rivages. Depuis le XVIe siècle, de durs combats pour la suprématie raciale ont répandu le sang sur notre terre. Nous sommes peut-être la seule nation au monde dont la politique première consista à effacer du territoire conquis la population indigène. En outre, nous élevâmes cette tragique extermination au rang de noble croisade. Car aujourd'hui, nous n'avons pas encore renié ou déploré ce tragique épisode de notre histoire. Notre littérature, nos films, notre théâtre, notre folklore, l'exaltent de mille façons.

On apprend encore à nos enfants le respect de cette violence qui réduisit un peuple à la peau rouge, héritier d'une civilisation plus ancienne que la nôtre, à l'état de misérables groupes éparpillés dans des réserves. Cette attitude offre un contraste frappant avec nos voisins du Sud qui assimilèrent leurs Indiens, respectèrent leur culture et leur permirent souvent d'accéder à des situations fort élevées.

C'est de là qu'est né le préjugé contre tous ceux qui n'ont pas la peau blanche et c'est à partir de ce racisme fondamental qu'il s'est rapidement développé. Cette idéologie raciste de si longue date a corrompu et affaibli notre idéal démocratique. Et aujourd'hui, beaucoup d'Américains tentent désespérément de se libérer de cette toile d'araignée, sans savoir en quelle profondeur de leur conscience elle a été tissée.

Les racines sont profondes et c'est un fait qui influence aussi la Révolution noire. Notre histoire nous apprend qu'il ne sert à rien de lever l'épée contre la suprématie raciale. Les valeureux guerriers indiens se battant avec des lances et des flèches contre les Winchester et les Colt n'aboutirent qu'à la défaite. D'autre part, l'histoire nous apprend aussi que la soumission ne donne guère plus de résultats. L'absence totale de résistance renforce simplement le mythe selon lequel une race serait intrinsèquement inférieure à l'autre. Aujourd'hui, les Noirs ne se livrent pas à la violence, pas plus qu'ils n'acceptent la domination. Ils veulent seulement troubler la tranquillité de la nation jusqu'à ce qu'on reconnaisse enfin l'existence de l'injustice, cette maladie virulente qui menace la société tout entière, afin de la détruire. La méthode actuelle des Noirs n'est pas seulement le seul remède susceptible de guérir le pays de l'injustice ; sa nature même porte un défi au mythe de l'infériorité. Les plus réticents ne peuvent s'empêcher de reconnaître qu'une telle ampleur de dévouement, de courage et de perspicacité n'est pas le fait d'un peuple inférieur.

Nous autres, Américains, avons longtemps aspiré aux gloires de la liberté, tout en transigeant avec le préjugé et la servitude. Aujourd'hui, le Noir se bat pour une Amérique meilleure et il emportera inévitablement l'adhésion de la majorité, car notre héritage de liberté si chèrement gagné est en définitive plus fort que nos traditions de cruauté et d'injustice.

Certains prétendent que les Noirs sont trop audacieux et que leurs méthodes portent ombrage à la population blanche, qui représente la majorité. À cet argument, je répondrai par les résultats convaincants de l'enquête menée en profondeur par *Newsweek*, à la fin de l'été 1963. Les enquêteurs interrogèrent des Blancs choisis dans toutes les couches de la population. Le résultat révéla qu'une écrasante majorité se déclarait en faveur des lois garantissant aux Noirs le droit de vote, la promotion professionnelle, un logement décent et l'intégration des transports en commun. Ainsi s'exprimèrent les majorités blanches, dans le Sud aussi bien que dans le Nord. En outre, sur la question de l'intégration des écoles et des restaurants, on vit apparaître la même écrasante majorité dans le Nord, alors que dans le Sud, les votes favorables atteignaient presque la majorité.

Une conclusion s'impose : ces Blancs n'ont aucun intérêt à maintenir la ségrégation et n'ont rien trouvé à redire à ces différents changements, qui sont justement le centre des revendications des démonstrations non violentes. Ces objectifs, que les Noirs ont mis en avant, pour lesquels ils se sont battus et qu'ils ont clairement précisés, ont fini par paraître acceptables aux Blancs du Nord et du Sud. Cet été de notre colère, loin de nous séparer et d'aliéner les citoyens américains blancs, les a au contraire rapprochés des citoyens noirs, dans une compréhension inconnue jusqu'ici.

IV

Il fallait un apogée au déferlement de l'été. Celui qui, une fois de plus, trouva la seule solution possible, fut le doyen des leaders noirs, A. Philip Randolph, dont les dons d'imagination et l'infatigable action avaient depuis plusieurs décades attiré l'attention sur le combat en faveur des droits civiques. Il proposa une marche sur Washington pour unifier en une seule et lumineuse action toutes les forces disséminées sur le large front.

Il fallait de l'audace et de la bravoure pour suivre un tel projet. Or la communauté noire, si elle était profondément unie quant aux réformes demandées, était divisée sur la question des tactiques à appliquer. Elle avait fait ses preuves sur le plan local, en organisant avec habileté des manifestations vouées au succès, mais jamais encore on n'avait fait appel à l'ensemble de la population noire, sur une échelle aussi gigantesque. La situation se compliqua encore grâce aux innombrables prophètes de malheur qui craignaient que le moindre incident ne tourne à la violence et n'aliène la sympathie du Congrès, détruisant ainsi tout espoir de faire passer la loi. Et, en dehors de tout incident, ils craignaient simplement que les Noirs soutiennent insuffisamment ce projet et ne révèlent ainsi une faiblesse qu'il valait mieux tenir secrète.

Le débat dont ce projet fut l'objet définit dès l'abord les deux positions : d'un côté, ceux qui avaient foi en la capacité, l'endurance et la discipline des Noirs, y applaudirent sans hésitation. De l'autre côté, se rangèrent les timides, ceux dont l'amitié restait confuse et incertaine, ainsi que ceux qui n'avaient jamais cru que les Noirs étaient capables d'organiser quoi que ce soit de valable. On ne douta à aucun moment de l'issue du débat, car la force acquise au cours de cet été révolutionnaire avait balayé toute opposition.

Washington est une ville de spectacles. Tous les quatre ans, les festivités de l'installation présidentielle réunissent les grands et les puissants de ce monde. Depuis cent cinquante ans, toutes sortes de rois, de premiers ministres, de héros et de célébrités y ont connu l'ovation d'une foule admirative. Mais jamais, au cours de sa somptueuse histoire, Washington n'avait assisté à un spectacle aussi grandiose que celui qui se déroula dans ses murs le 28 août 1963. Parmi les deux cent cinquante mille personnes environ qui se rendirent ce jour-là dans la capitale, il y avait de nombreux dignitaires et une foule de célébrités, mais ceux qui suscitèrent la plus profonde émotion furent les gens ordinaires et anonymes qui, revêtus d'une majestueuse dignité, étaient venus témoigner de leur intense

176

détermination de réaliser, ici et maintenant, la véritable démocratie.

Ils vinrent de presque tous les États de l'Union ; par tous les moyens de transports possibles ; pour cela, ils avaient dû sacrifier trois jours de salaire, plus le prix du voyage, ce qui représentait pour beaucoup un réel sacrifice financier. Ils étaient joyeux, détendus, mais aussi disciplinés et réfléchis. Ils applaudirent généreusement leurs leaders, mais ceux-ci, du fond de leur cœur, applaudirent aussi leur public. Ce jour-là, devant la force et la conviction de son peuple, plus d'un orateur noir sentit s'augmenter le respect qu'il lui portait. Cette multitude était le cœur vivant d'un mouvement infiniment noble. C'était une armée sans armes, mais non sans force, une armée où l'on n'avait pas besoin d'une fiche d'incorporation. Il y avait des Blancs et des Noirs de tous âges, des membres de toutes les confessions, de toutes les classes sociales, de tous les métiers, de tous les partis politiques, unis dans un même idéal. C'était une armée combattante, mais tout le monde comprit que son arme principale était l'amour.

L'un des éléments les plus remarquables de cette Marche fut la participation des Églises blanches. Jamais jusqu'ici ces Églises ne s'étaient engagées aussi directement et avec un enthousiasme aussi total. Un journaliste nota que cette Marche fit « plus, pour le rapprochement des trois grandes religions du pays, que n'importe quel autre problème ne l'avait jamais fait au cours de notre histoire ». Le Conseil national des églises chrétiennes s'y associa, ainsi que la Convention baptiste américaine, les Églises des Frères, l'Église presbytérienne, ainsi que des milliers de ministres et de communautés luthériennes et méthodistes. Dans le diocèse de New York, on donna lecture, dans quatre cent deux paroisses, de l'appel du cardinal Spellman pour une action accélérée en faveur de la justice raciale ; il s'y ajouta l'appel de l'évêque auxiliaire et du vicaire général, le très révérend John J. Maguire. À Boston, le cardinal Cushing désigna onze prêtres pour représenter son Église. En plus de la communauté juive américaine, dont le président, le Dr Joachim Prinz, fut l'un des responsables de la journée, presque toutes les organisations juives, religieuses et laïques, s'associèrent à la Marche et furent largement représentées lors du rassemblement.

Contraste frappant, le Conseil national de l'AFL-CIO[1] refusa de s'associer à la Marche et adopta une position de neutralité. Un grand nombre de syndicats internationaux, cependant, offrirent indépendamment leur appui, et furent représentés en nombre. En outre, des centaines de syndicats locaux joignirent toutes leurs forces à la manifestation.

Ceux qui se demandaient jusqu'à quel point les événements de l'été avaient frappé la conscience du Blanc américain, reçurent la réponse en consta-

---

1. Grande organisation syndicale : American Federation of Labour-Congress of Industrial Organizations (N.d.T.).

tant la place que les moyens d'information réservèrent à la Marche sur Washington. En temps normal, la presse ne s'intéresse aux activités des Noirs que lorsqu'elles menacent de prendre un tour dramatique ou revêtent quelque originalité. La Marche fut la première opération noire organisée à laquelle la presse accorda une attention et un respect à la mesure de son importance. Les millions de personnes qui la suivirent sur l'écran de leur télévision assistèrent à un événement *historique*, non seulement par son sujet, mais aussi parce que cet événement venait se dérouler jusque chez eux.

Pour la première fois, des millions de Blancs américains purent voir des Noirs occupés en masse à des questions « sérieuses ». Pour la première fois, ils purent entendre des discours prononcés par des orateurs noirs de toutes conditions sociales. Ce jour-là, le vieux stéréotype du « Nègre » reçut un sérieux coup. On le vit clairement dans les commentaires qui reflétaient la surprise de leurs auteurs devant la dignité, l'organisation, et même la tenue vestimentaire et l'humeur amicale des participants. Si la presse s'était attendue à savourer le spectacle d'un défilé désordonné, d'une bonne bagarre, ou d'une exhibition comique de vêtements bariolés, elle dut être déçue. On a beaucoup parlé d'un dialogue entre Blancs et Noirs. Pour le réaliser, il faut que les moyens d'information lui ouvrent toutes grandes leurs portes, comme ils le firent en cette radieuse journée d'août.

Tandis que la télévision retransmettait au-delà des océans l'image de cet extraordinaire rassemblement, tous ceux qui croyaient en la possibilité de l'amélioration de l'homme par lui-même éprouvèrent alors un élan de confiance envers la race humaine. Et chaque véritable Américain put être fier de ce que l'expérience démocratique qui se déroulait dans sa capitale ait été manifestée aux yeux du monde entier.

CHAPITRE VIII

Les jours à venir

I

Il y a cent cinquante ans, au temps où le Noir n'était qu'un objet, faisant partie des biens de son maître blanc, certains propriétaires d'esclaves mirent au point un moyen par lequel un esclave pourrait s'acheter lui-même et devenir un « affranchi ». À l'époque, le jeune homme qui tombait amoureux d'une esclave devait travailler désespérément pendant des années – le travail rémunéré devait être accompli en plus des travaux forcés – jusqu'à ce qu'il ait amassé le capital suffisant pour payer sa libération et celle de sa fiancée. Combien de mères noires ont-elles passé leurs nuits à laver du linge, après avoir passé leur journée à transpirer sous le soleil, pour économiser, penny après penny, au fil des années, jusqu'à ce qu'elles aient gagné la centaine de dollars nécessaires. Souvent, ce combat incessant, ce sacrifice de tous les jours, ne servait pas à leur propre libération, mais à celle d'un fils ou d'une fille. Ces dollars, gagnés à la sueur de leur front, permettaient aux esclaves de payer, à leur propriétaire, la preuve légale de leur affranchissement, qui déclarait son possesseur délié de tous les liens de l'esclavage physique.

Au fur et à mesure que ce mouvement prenait de l'extension, certains Noirs consacrèrent leur existence à l'achat et à la libération de leurs frères. Une des servantes de Thomas Jefferson travailla près de quarante ans pour obtenir les dix mille dollars avec lesquels elle acheta la libération de dix-neuf de ses semblables. Un peu plus tard, un petit nombre de Blancs remplis de zèle humanitaire menèrent une croisade auprès du public, demandant des fonds pour tirer les Noirs de la dégradation dans laquelle les avaient jetés leurs ravisseurs. James Russell Lowel lui-même, quoique détracteur de l'émancipation contre indemnisation, écrivit à un ami : « Si un homme vient nous demander de l'aider à acheter sa femme, ou son enfant, que ferons-nous ? »

« Aide-moi à acheter ma mère », ou : « Aide-moi à acheter mon enfant », ces poignants appels permirent à beaucoup de Blancs qui, jusque-là, n'avaient éprouvé qu'une vague émotion devant l'horreur de l'esclavage, de voir enfin en pleine lumière la profonde torture endurée par les âmes noires.

Au moment même où le Noir d'aujourd'hui va enfin s'affranchir des liens traumatisants qui le retiennent encore dans une autre forme d'esclavage que l'esclavage physique, ce rappel discret d'un système à demi oublié, selon lequel on troquait la dignité humaine contre des dollars, nous rappelle douloureusement que la société se satisfait d'une certaine complaisance envers l'injustice. De nos jours, l'Américain moyen peut bien frissonner à la pensée que ses arrière-grands-parents admettaient normalement l'horreur de telles transactions. Or, ce même Américain moyen ne saisit-il pas sa propre indifférence à la souffrance humaine qui l'entoure, quand, alors qu'il se prend pour un homme de bien, il s'écrie : « Si nous donnons au Noir sa liberté, que nous donnera-t-il en échange ? »

Notre société ne réclame pas de l'argent au Noir en échange de l'octroi de ses droits. Mais on ne peut s'empêcher de faire un cruel parallèle entre la main tendue et avide du marchand d'esclaves qui vendait au Noir le droit de disposer de lui-même, et le doigt levé en avertissement par ceux qui aujourd'hui déclarent : « Après avoir gagné l'intégration des écoles, et des lieux publics, après avoir gagné le droit de vote et l'amélioration du logement, que réclamera encore le Noir ? Sera-t-il comme Olivier Twist, qui voulait toujours davantage ? »

Cela implique que, se fondant sur un postulat aberrant, la société s'adjuge le droit de marchander aux Noirs une liberté qui leur appartient de droit. Certains libéraux, parmi ceux qui jouissent de la plus large audience, croient sincèrement que, pour gagner certains droits, les Noirs doivent les mériter en faisant preuve de la patience et de la passivité qu'ils ont accumulées pendant tant d'années. Ces gens ne comprennent pas que prêcher la mesure et la modération n'est pas une défense valable devant la terrible accusation morale qui s'est abattue sur la nation par la Révolution de 1963. Ils ne comprennent pas qu'on ne peut vivre à moitié libre, pas plus qu'on ne peut vivre à demi mort.

Au fond, ceux qui, bien ou mal intentionnés, demandent : « Qu'est-ce que le Noir veut de plus ? » ou : « Quand sera-t-il satisfait ? » ou : « Quel prix devrons-nous payer pour faire cesser ces manifestations ? », ceux-là demandent simplement au Noir d'acheter quelque chose qui lui appartient déjà, selon toutes les conceptions légales et juridiques, et aussi selon notre héritage judéo-chrétien. Bien plus, ils réclament du Noir qu'il se contente d'une demi-portion qu'il paiera par sa patiente attente de la seconde portion, laquelle lui sera finalement dispensée par miettes successives, tout au long d'un interminable hiver glacé d'injustice. J'aimerais demander à ces gens qui veulent nous distribuer ces droits dont ils ont eux-mêmes toujours joui, s'ils croient que les termes de la Déclaration d'indépendance sous-entendaient que la liberté devait être divisée en portions distribuables avec parcimonie, selon un plan de versements échelonnés ? La nature n'a-t-elle pas fait de la naissance un acte unique et indivisible ? La liberté n'est-elle pas le contraire de l'esclavage et ne doit-on pas abolir définitivement le second pour donner naissance à la première ?

C'est parce qu'il sait qu'aucun individu – et aucune nation – ne peut vivre à demi-esclave et à demi-libre, que le Noir a orné ses drapeaux du mot

MAINTENANT. Par là, il veut dire qu'il est temps, maintenant, que notre pays entre dans l'ère de la liberté (il ne suffit pas de progresser *vers* la liberté) et paie ainsi sa longue dette envers ses citoyens de couleur. Il y a plusieurs siècles, la civilisation acquit la certitude que l'homme sortait de la barbarie, au seul fait qu'il reconnaissait la relation qui l'unit à son semblable. La civilisation, surtout celle des États-Unis, est depuis longtemps assez riche pour nourrir, vêtir, loger tous ses citoyens. La civilisation a doté l'homme du pouvoir de s'améliorer, de concevoir et d'exécuter des projets. Il est étrange que pendant si longtemps les forces armées de ce pays soient restées prisonnières du système sudiste de la ségrégation. L'armée avait le pouvoir de séparer un homme de sa femme et de ses enfants et de donner, en quelques semaines, une nouvelle orientation et un nouvel ordre à son existence. Mais il fallut attendre la Seconde Guerre mondiale pour que l'armée prenne conscience du fait qu'elle avait le droit, le devoir et le pouvoir d'affirmer qu'un Blanc en uniforme devait respecter la dignité d'un Noir en uniforme.

Nous avons besoin de toute notre volonté pour effacer la hideuse tache du racisme qui souille l'image de l'Amérique. Bien entendu, nous pouvons essayer de temporiser en négociant d'infimes changements et en retardant la marche de la liberté, dans l'espoir que les narcotiques de ces atermoiements endormiront la souffrance amenée par le progrès. Nous pouvons toujours essayer, mais nous allons au-devant d'un échec certain. L'époque n'est plus aux ajournements et à la temporisation. Il serait immoral de s'en tenir là, et, en outre, cela ne donnerait aucun résultat, car les Noirs ont découvert dans l'action directe non violente un moyen irrésistible d'ébranler ce qui, jusqu'ici, était resté inamovible ; et cela retarderait non seulement le progrès du peuple noir, mais aussi celui de la nation tout entière.

D'ailleurs, une progression désordonnée serait aussi néfaste qu'une temporisation soigneusement élaborée. Au XIXe et au début du XXe siècle, la machine du progrès social fonça droit devant elle, laissant le peuple noir triste et désemparé en queue de convoi : les Noirs ne savaient ni lire ni écrire, ils n'avaient aucune formation, ils étaient mal logés et mal nourris. Aujourd'hui, les progrès scientifiques – et je pense surtout à l'extraordinaire promotion de l'automation – sont peut-être une bénédiction pour notre économie, mais ils sont une malédiction pour les Noirs. Il y a quelques années, trois cent cinquante mille d'entre eux étaient employés par les chemins de fer, alors qu'aujourd'hui ils ne sont plus que cinquante mille. Ceci n'est qu'un exemple et il s'est produit la même chose dans les mines, les fonderies, les fabriques de conserves, qui employaient autrefois une très forte proportion de Noirs. Des millions d'entre eux se sont soudain trouvés privés de leur gagne-pain, puisque l'automation a remplacé tous les manœuvres et tous les ouvriers semi-qualifiés, dont la plupart étaient des Noirs. Aujourd'hui, la dépression économique se fait cruellement sentir dans ce milieu de pauvreté très à part où vivent les Noirs. Pour venir à bout de ce désastre, il faut ouvrir quelques portes à tous et toutes les portes à quelques-uns, ce qui revient à dire qu'il faut mettre de l'ordre dans ce chaos.

Ce qui existe dans le domaine de l'emploi se retrouve aussi dans le domaine du logement. Nous ne pouvons pas nous contenter de retaper les ghettos en l'honneur de quelques personnalités, tout en laissant les autres languir dans leurs lugubres taudis. On ne peut non plus, en un geste théâtral, vider brutalement les ghettos de toutes les grandes villes et déverser un torrent d'hommes de toutes sortes qui devraient ensuite se reclasser selon leur milieu. L'une et l'autre solution – progression trop lente et évolution trop rapide – entraîneraient des troubles sociaux aussi bien du côté des opprimés que du côté des privilégiés.

Il ne sera pas facile de trouver une solution à ce problème complexe. Cela ne veut pas dire que cela sera impossible. Si on considère ces difficultés comme autant de défis à relever, plutôt que comme des obstacles, nous avancerons, à condition d'admettre que nous ne sommes pas des magiciens. Nous progresserons si nous sommes conscients du fait que quatre siècles d'erreurs ne s'effacent pas par quatre minutes d'expiation. Nous devons également être vigilants quant à l'expiation du coupable et ne pas lui laisser le temps – pas même une seconde – d'infliger à sa victime un nouveau coup.

II

Roy Wilkins et moi-même nous avons été récemment interviewés au cours d'une émission télévisée. On nous posa les habituelles questions sur les prochains objectifs des Noirs, mais nous pûmes sentir pour la première fois que nos interlocuteurs éprouvaient une considération nouvelle due à l'ampleur de notre mouvement. Derrière des paraphrases courtoises, la question qu'on nous posait était en fait celle-ci : pourrions-nous maintenir le flot houleux des mécontents et empêcher que les assiégés ne souffrent trop des coups répétés. Certaines questions impliquaient même qu'on jugerait de notre autorité sur notre capacité d'empêcher « le Noir d'aller trop loin ». Les citations sont de moi, mais elles reflètent assez bien la pensée de ceux qui nous interrogeaient (et de bien d'autres Américains blancs).

L'émission ne dura pas assez longtemps pour que nous puissions répondre aux sous-entendus contenus dans cette question : « Qu'est-ce que le Noir veut de plus ? » Si nous disons que le Noir veut seulement la liberté et l'égalité totales et immédiates, non pas en Afrique ou dans quelque pays imaginaire, mais ici même sur cette terre, notre réponse est d'une netteté déroutante pour des gens qui ne sont pas sûrs de souhaiter y croire. Telle est pourtant la seule réponse possible. Les Noirs ne supportent plus les compromis ; cela ne les intéresse plus. Car l'histoire américaine est remplie de compromis. Quelle que soit leur beauté, les termes de la Déclaration d'indépendance ne laissent d'être inquiétants quand on sait que leur phraséologie originale fut changée et qu'on y supprima une condamnation du régime esclavagiste de la monarchie britannique. L'histoire américaine nous parle du compromis du Missouri, qui permit d'étendre l'esclavage à d'autres États ; du compromis Hayes-Tilden, qui ordonna le retrait des troupes fédérales hors des États du Sud et donna le signal de la fin de la Reconstruction ; du compromis de la Cour suprême à propos du cas Plessy contre Ferguson, qui énonça la fameuse doctrine infamante : « Séparés mais égaux. » Toutes ces mesures ont compromis l'intégrité de l'Amérique, en plus de celle de l'homme noir. En 1963, année ou la colère des Noirs a éclaté, le mot « compromis » est devenu impie et pernicieux. Presque toutes les autorités noires sont des adversaires convaincus du compromis. Et même sans cela, aucun leader noir n'aurait désormais le pouvoir de changer la direction du mouvement ou sa progression irrésistible.

Un grand nombre de nos frères blancs se méprennent là-dessus ; beaucoup se trompent dans leur interprétation de la Révolution noire. Certains croient qu'elle est l'œuvre d'habiles agitateurs qui ont le pouvoir d'ouvrir ou de fermer les vannes à volonté. Un tel mouvement, s'il pouvait être manœuvré ainsi par quelques personnages habiles, ne serait pas une véritable révolution. Or, c'est une vraie révolution, car elle a pris naissance à la source même de tous les soulèvements sociaux, à

savoir des conditions de vie et une situation into-
lérables. Dans de telles circonstances, aucun leader,
aucun groupe de leaders même, n'a le pouvoir de
transformer une satisfaction passive en une vague
de colère décidée à passer à l'action. Les seuls
meneurs sont les ségrégationnistes qui provoquèrent
et attisèrent par leur cynisme et leur dureté la légitime fureur des Noirs. À ce propos, je me souviens des paroles que me dit le président Kennedy
quand il me reçut à la Maison-Blanche, juste après
la signature de l'accord de Birmingham : « Ne
condamnons pas trop sévèrement Bull Connor, me
dit-il, car après tout, il a fait à sa manière beaucoup
pour faire avancer, cette année, la législation des
droits civiques ! »

C'est le peuple qui a influencé ses chefs et non
l'inverse. Évidemment, notre armée, comme toutes
les armées, eut ses généraux. Mais le poste de commandement était dans le cœur de millions de Noirs.
Quand un tel peuple se met en marche, il crée
lui-même sa doctrine, façonne son destin et choisit
les chefs qui partagent sa philosophie. Un leader
digne de sa mission sait qu'il doit être sensible à
la colère, à l'impatience, au besoin et à la détermination qui se sont libérés au sein de son peuple.
Tout leader qui tente de museler ces émotions
risque d'être anéanti lorsqu'elles se déchaîneront.

Quelques commentateurs ont insinué qu'une
bande de militants avaient pris les commandes du
mouvement et que les leaders « sains et sensés »
se laissaient entraîner malgré eux pour ne pas
perdre le contrôle de leurs troupes. Il est exact qu'il

y a, et qu'il y aura toujours, des différences de vues entre les leaders noirs, en ce qui concerne certains problèmes tactiques. Mais on exagère la valeur de ces différences en interprétant les événements récents comme une prise du pouvoir par un groupe de factieux qui auraient entraîné la masse. Les ennemis du progrès racial – et même certains de ses « partisans » qui sont « pour le progrès, mais pas trop vite » – seraient enchantés de croire que le désordre règne dans les rangs de ceux qui luttent pour leurs droits civiques.

La vérité, si pénible soit-elle, est tout autre : l'une des qualités les plus remarquables de notre mouvement est son unité. Que les diverses organisations qui le composent se prononcent en faveur de telle ou telle tactique n'est pas le signe d'une désunion. Unité n'a jamais signifié uniformité. Si cela était, des démocrates aussi convaincus que Thomas Jefferson et George Washington n'auraient pu diriger une Révolution américaine unifiée, avec l'assistance d'un radical comme Thomas Paine et d'un autocrate comme Alexander Hamilton. Jefferson, Washington, Paine et Hamilton ont pu collaborer parce que la volonté de libération des colons était devenue une motivation puissante et impérieuse. Il en fut de même pour les Noirs. Quand la clameur criant justice eut atteint assez de puissance, plus rien n'a pu lui résister. C'est une vérité que des autorités et une société sensées ne peuvent manquer de comprendre à la longue.

Dans le combat actuel, il faut adopter un parti positif. On ne peut hésiter, car toute hésitation entraînerait un recul et le Noir ne veut pas régresser, bien plus : il refuse même de rester sur place. Dans les plans de cette Révolution, on n'a pas prévu de retraite. Ceux qui ne se laissent pas prendre dans le mouvement verront bientôt qu'ils ont été définitivement dépassés.

Quelqu'un a écrit : « Quand on a raison, on n'est jamais trop radical. Quand on se trompe, on n'est jamais assez conservateur. » Le Noir sait qu'il a raison. Il ne cherche pas à conquérir un butin ou à réduire en esclavage ceux qui lui ont fait du mal. Son but n'est pas de s'approprier ce qui appartient à autrui. Il veut simplement ce qui lui appartient à lui. Et si, quand il réclame ces droits et ces privilèges dont il a été privé si longtemps, on l'accuse d'être trop gourmand, et indigne de telles récompenses, le Noir n'aura désormais qu'une réponse : « Si cela doit être une trahison, qu'elle soit au moins complète ! »

Plus vite notre société admettra que la Révolution n'est pas une explosion momentanée (destinée à retrouver bientôt sa passivité placide), plus facile sera notre avenir à tous.

III

La nation se trouve devant mille tâches de première urgence, mais il en est une, plus pressante encore que les autres : il ne suffit pas de transformer radicalement son attitude envers les Noirs, sous la pression des événements ; le pays doit aussi envisager des compensations aux handicaps que les Noirs ont subis dans le passé. Il est impossible d'envisager l'avenir sans tenir compte du fait que, pendant des siècles, notre société a agi *contre* les Noirs. Comment pourraient-ils maintenant s'intégrer dans le courant de la vie américaine, si nous ne faisons pas quelque chose *pour* eux, afin de rétablir l'équilibre et leur permettre d'entrer dans la compétition sur des bases justes et équitables ?

Chaque fois que nous faisons allusion au problème de cette politique préférentielle et compensatoire, certains de nos amis la repoussent avec effroi. Ils sont d'accord pour que le Noir obtienne l'égalité, mais rien de plus. Cela peut paraître raisonnable à première vue, mais ce n'est pas une opinion réaliste. Il est évident, pourtant, que si un homme a trois cents ans de retard sur un autre, il devra réaliser un tour de force impossible pour le rattraper.

Il y a quelques années, le Pandhi Nehru m'entretint de la façon dont son pays abordait le difficile problème des intouchables, qui n'est d'ailleurs pas sans rapport avec celui des Noirs en Amérique. Le Premier ministre de l'Inde admit qu'il y avait encore beaucoup d'Indiens nourris de préjugés contre ce peuple opprimé depuis si longtemps, mais nous apprit qu'il était assez mal vu de montrer ces préjugés, sous quelque forme que ce soit. Ce changement d'atmosphère était dû en partie au Mahatma Gandhi qui, donnant l'exemple à la nation, adopta une intouchable, et en partie à la Constitution indienne qui spécifie que la discrimination envers les intouchables est un crime passible de prison.

Chaque année, le gouvernement indien dépense des millions de roupies pour améliorer le logement et ouvrir des débouchés dans les villages dont la population est en grande proportion intouchable. En outre, si deux candidats se présentent dans une école ou dans une université, l'un étant intouchable et l'autre d'une caste supérieure, la direction de l'établissement est priée de donner la préférence au candidat intouchable.

Le professeur Lawrence Reddick, qui m'accompagnait lors de cet entretien, demanda : « Mais cette attitude n'est-elle pas de la discrimination raciale ? » « C'est possible, répondit le Premier ministre, mais c'est notre façon de réparer les siècles d'injustices que nous avons infligés à ces gens. »

L'Amérique à son tour doit trouver le moyen de réparer les injustices qu'elle a infligées à ses ressortissants noirs. Je ne suggère pas la réparation pour sa seule valeur ou en tant qu'expiation. Je suggère cette réparation comme moyen moral et pratique d'amener le Noir à un niveau de vie plus conforme à ce qu'il doit être.

Face à ce nouveau problème, la question que doit se poser l'Amérique n'est pas : « Qu'est-ce que le Noir veut de plus ? » mais plutôt : « Comment faire pour que nos concitoyens de couleur jouissent d'une liberté réelle et effective ? Quelle direction prendre pour la réaliser le plus rapidement et le plus complètement possible ? Et comment lutter contre l'opposition et les obstacles hérités du passé ? »

Il nous faut trouver de nouveaux moyens d'aborder le problème, car notre nation est parvenue à un nouveau stade de développement qui concerne un dixième de sa population. La puissance de la Révolution noire et la bonne volonté d'un grand nombre d'Américains blancs indiquent que le moment est venu d'aller plus loin dans la réflexion et dans l'action.

Aujourd'hui, le Noir ne se bat pas pour quelque concept abstrait, pour obtenir des droits plus ou moins vagues : il veut l'amélioration rapide et concrète de son niveau de vie. À quoi cela l'avancera-t-il de pouvoir envoyer ses enfants dans une école intégrée, si son salaire ne lui permet pas de leur acheter des vêtements décents ? À quoi lui servira-t-il d'avoir le droit d'habiter là où il veut, s'il ne peut se le permettre parce qu'il est au chômage ou parce qu'il occupe un emploi mal payé et sans avenir ? À Greensboro, au moment des occupations de restaurants, un chansonnier lança cette boutade, dans une boîte de nuit : « Même si l'on avait accepté de servir les manifestants, certains d'entre eux n'auraient pas eu de quoi payer leur consommation. » Quel avantage le Noir peut-il retirer du fait d'être servi ! dans les restaurants intégrés, ou reçu dans les hôtels, s'il est encore sous le coup d'une servitude financière qui l'empêche de prendre des vacances ou même d'emmener sa femme dîner au restaurant ? Les Noirs doivent obtenir le droit de pénétrer dans tous les établissements publics, mais ils doivent être aussi suffisamment intégrés dans notre système économique pour être en mesure d'exercer ce droit.

Au fond, le Noir ne se bat pas seulement pour ses droits, il se bat aussi pour la possibilité d'exercer ses droits. En demandant des mesures spéciales, il ne réclame pas qu'on lui fasse la charité. Il ne tient pas plus qu'un autre à traîner sur les listes des secourus sociaux. Il ne tient pas à occuper un emploi pour lequel il n'est pas qualifié. Mais cependant il n'accepte pas qu'on lui refuse la possibilité d'acquérir cette qualification. Ainsi, il faut ajouter à l'égalité une aide pratique et réaliste qui lui permette de profiter des occasions offertes. Il est cruel de proposer une paire de chaussures à quelqu'un qui ne peut marcher !

Les États-Unis ont toujours accepté le principe des mesures de faveur à l'égard des déshérités. La Ligue nationale urbaine, dans une excellente déclaration, a souligné le fait que si rien ne nous choque dans le plan Marshall et dans l'aide aux pays sous-développés, nous ne pouvons faire moins pour nos propres populations sous-développées. Nous avons appliqué ce principe tout au long de notre histoire. Les concessions de terres aux fermiers qui combattirent dans l'armée de la Révolution, les lois sur le travail des enfants, la sécurité sociale, les indemnités de chômage, les cours de formation du personnel et bien d'autres encore, toutes ces mesures furent adoptées par la nation qui les considère comme logiques et morales.

Au cours de la Seconde Guerre mondiale, nos soldats furent privés de certains avantages et perdirent certains profits. Pour les pallier, on leur reconnut un ensemble de droits d'anciens combattants intitulé « GI Bill of Rights ». Cette déclaration des droits des GI leur accordait des subventions pour suivre des cours dans des centres d'apprentissage ou des collèges, et des bourses leur permettant de vivre pendant la durée de leur études. En outre, les anciens combattants se voyaient octroyer certains prêts financiers pour les aider à acheter un logement sans mise de fonds préalable, accordés à un taux d'intérêt très bas et avec de grandes facilités de paiement. Ils avaient la possibilité d'emprunter des fonds aux banques, pour lancer une affaire, sous la garantie du gouvernement. Leurs états de service leur assuraient une qualification supplémentaire pour poser leur candidature aux fonctions publiques. On leur assura tous les soins médicaux et des prêts financiers à long terme au cas où leur santé aurait été altérée par leurs activités militaires. Et en plus de ces avantages légaux, ils jouirent pendant longtemps dans tous les domaines d'un climat de considération sociale.

C'est ainsi que le pays eut à cœur de compenser le temps perdu par les anciens combattants, dans leurs études, leur carrière ou leurs affaires. La majorité des Américains approuva ces mesures. Or, le Noir n'a-t-il pas été lésé, lui aussi ? Peu de gens réfléchissent au fait que le Noir n'a pas seulement été réduit en esclavage pendant deux siècles, mais qu'on lui a volé, tout au long de ces années, le salaire qu'il gagnait à la sueur de son front. Aucun amoncellement d'or, si gros soit-il, ne sera suffisant pour compenser l'exploitation et l'humiliation subies par les Noirs d'Amérique au cours des siècles. Toute la richesse de notre opulente société ne suffirait pas à honorer la facture. Mais on pourrait cependant fixer le prix de ce « retard de gages ». L'ancien droit civil a toujours trouvé moyen de remédier à l'exploitation du travail humain, et cette formule pourrait être appliquée aux Noirs américains : le remboursement des préjudices subis se traduirait par un vaste programme gouvernemental instituant des mesures de compensation. Ces mesures coûteraient certainement moins cher que le règlement financier de la dette, comprenant les gages dus, plus l'accumulation des intérêts.

C'est pourquoi je propose que l'Amérique lance, en suivant l'exemple de la GI Bill of Rights, une gigantesque déclaration des droits des déshérités. Ne sont-ils pas, eux aussi, des anciens combattants de la liberté ?

Cette déclaration pourrait reprendre à peu près tous les termes de la GI Bill of Rights, sans pour autant charger indûment notre économie. Elle transformerait immédiatement les conditions de vie des Noirs. Pour eux, le changement apporté serait tant psychologique que matériel. Je mets ici les sceptiques au défi de tenter cette expérience hardie dans les années à venir. J'affirme qu'on assistera à un déclin du retard scolaire, de la débâcle familiale, de la criminalité, de l'illégitimité, du chômage et de bien d'autres maux, à un degré défiant toute imagination. Il est toujours très long de changer la psychologie humaine, mais quand un peuple est prêt à se transformer, comme les Noirs l'ont désormais prouvé, il faut l'aider très vite et de manière constructive.

Mais si les Noirs forment la grande majorité des exploités, un grand nombre de Blancs déshérités bénéficieraient également de cette déclaration. L'institution de mesures spéciales se justifie évidemment par le vol qualifié qu'a toujours représenté l'esclavage. Beaucoup de Blancs déshérités furent des victimes au second degré de l'esclavage. Tant que le prix du travail est resté bas, à cause de la servitude involontaire du Noir, la liberté du travail blanc n'a guère été plus qu'un mythe, surtout dans le Sud. Le marché du travail était complètement faussé par l'esclavage. Et la condition de ces Blancs ne s'améliora guère lorsque le véritable esclavage fut remplacé par cette autre forme de servitude qu'est la discrimination raciale. Le Blanc déshérité souffrit alors des privations et des humiliations de la misère, à défaut de celles de la couleur. Ces Blancs sont écrasés par le poids d'une certaine discrimination, bien que la couleur de leur peau ne soit pas pour eux un signe infamant. Leur vie, leurs possibilités et leur éducation sont définitivement compromises. En un sens, leur condition est pire que celle des Noirs, car ils ont été tellement abusés par les préjugés qu'ils en sont arrivés à soutenir leurs oppresseurs.

Il est parfaitement normal que l'Amérique, préoccupée de venir en aide aux Noirs, porte aussi secours à la large couche – souvent ignorée – des déshérités blancs. Une déclaration des droits des déshérités pourrait marquer l'avènement d'une ère nouvelle, où toutes les ressources de la société seraient utilisées pour combattre la misère tenace qui, paradoxalement, s'épanouit au cœur de l'opulence.

La nation doit également trouver une solution au problème du chômage et doit accentuer ses efforts pour pallier les dangers de l'automation. Au moment même où l'ouvrier noir non spécialisé et semi-spécialisé s'efforce de gravir l'échelle sociale, il se trouve en compétition avec l'ouvrier blanc, alors que dans le même temps, les progrès de l'automation suppriment quarante emplois par semaine. Cette situation est, sans doute, une conséquence inévitable de notre bouleversement économique et social, mais elle est intolérable et les Noirs ne sont plus disposés à supporter cette discrimination qui les oppose aux travailleurs blancs au moment où les possibilités de travail s'amenuisent de jour en jour. La création de nouveaux emplois dans les secteurs publics et privés de notre économie est indispensable à une nation qui est la plus riche du monde. On n'a que faire de son opulence tant que des millions de miséreux restent prisonniers de leur pauvreté et voient leur nombre s'accroître sans cesse.

Il faut ajouter à ce programme économique un très large dispositif social. Tandis que la majorité de la population progressait, des générations entières sont restées en arrière. Car on n'a jamais donné à ces générations perdues les moindres rudiments d'instruction : elles n'ont jamais appris à lire, à écrire, à compter, à exercer un métier ou leurs droits civiques, pas même le droit de vote. En outre, la pauvreté rurale et urbaine n'a pas seulement retiré toute valeur à ces vies humaines. Elle a provoqué des troubles affectifs qui s'expriment souvent par des actes antisociaux. Les victimes les plus tragiques sont les enfants : leurs parents, occupés à lutter jour après jour pour gagner le pain et le logement de la famille, n'ont pas eu le temps de leur donner le foyer stable nécessaire à l'évolution saine des jeunes esprits.

Il ne suffit pas, pourtant, de créer des emplois et de donner aux gens le moyen d'y accéder pour apporter à notre pays l'égalité, la justice et la dignité. Il faut absolument bannir de notre législation actuelle les mœurs grotesques qui y ont cours. Nous vivons dans une société où la loi suprême, la Constitution, n'est même plus appliquée en certains endroits. Les lois et les coutumes de chaque État, de chaque ville, de chaque comté violent la Constitution, aussi ouvertement que dans un duché du Moyen Âge. Si la loi sur les droits civiques est promulguée par le Congrès qui siège en ce moment, et si elle est suivie d'une déclaration en faveur des déshérités, son application risque de se heurter à de fortes résistances un peu partout dans le pays.

Déjà, dans les années 1930, notre pays s'est heurté au même genre d'obstacle. Les efforts de ceux qui tentaient d'organiser et d'assurer aux ouvriers un salaire et des conditions de travail décents furent en butte à de puissants adversaires. Soulignons, car c'est là un point intéressant, que les États qui s'opposent aujourd'hui aux droits civiques sont ceux-là même qui, dans les années 1930, défièrent les efforts des syndicats. Alors comme aujourd'hui, il fallait noyauter des milliers de communautés afin de les aider à défendre les droits de leurs citoyens contre l'opposition de certains intérêts : telle était, et est encore, la tâche difficile et importante du pouvoir fédéral.

Le gouvernement national a trouvé une méthode pour résoudre ces difficultés. La loi Wagner fut promulguée, accordant aux travailleurs le droit de s'organiser. Sur le plan régional, on institua des syndicats capables de rendre compte des faits, autorisés à faire campagne électorale, à donner des consignes ; grâce à eux les communautés furent contraintes à l'obéissance. Évidemment, la naissance et le développement du mouvement du travail constituèrent une arme bien aiguisée, qui stimula l'esprit de coopération. Les effets conjugués d'une loi libérale soutenue par un gouvernement zélé et de l'organisation du monde du travail permirent, en quelques années, de transformer des milliers de citadelles farouchement opposées aux droits des travailleurs, en autant de communautés bien organisées et ralliées au syndicalisme.

Une loi semblable à la loi Wagner pourrait bien être la réponse à certains problèmes que posera l'application des droits civiques, dans les années à venir. Dernièrement, le sénateur Harrison, du New

Jersey, a présenté au Sénat un projet qui s'en rapproche en bien des points. Les autres sénateurs qui cherchent des solutions légales au problème seraient bien inspirés d'étudier des mesures de ce genre.

IV

Pour l'avenir, nous ne devons pas envisager notre plan d'action de notre seul point de vue, mais nous devons en même temps étudier soigneusement les forces adverses. Nous pouvons nous réjouir de constater que le mouvement en faveur des droits civiques a désormais atteint sa maturité, mais nous devons également reconnaître que les résistances fondamentales du Sud n'ont pas encore été brisées. Nous avons accompli des progrès réels et valables : la soudaine apparition, dans certaines régions du Sud, d'une nouvelle puissance financière et économique a de profondes résonances, car elle est disposée à admettre des changements : craignant de coûteux désordres, elle a permis la venue au pouvoir de certains éléments de la classe moyenne qui se détachent du bloc monolithique de la ségrégation. L'Église, certains groupements ouvriers et sociaux expriment aujourd'hui des sentiments qui, hier seulement, eussent été qualifiés dans certaines régions, de haute trahison. Néanmoins, il existe encore une force sociale solidement retranchée dans ses positions, résolue à ne faire aucune concession importante et qui continue à dominer la vie du Sud. Et même dans le Nord, la volonté de maintenir *le statu quo* se cache, aussi dure que le roc, sous une apparence de souplesse.

Pour assurer la continuation de l'œuvre de démocratisation si bien commencée en 1963, le mouvement de libération des Noirs doit consolider et élargir ses alliances avec les communautés qui lui sont favorables. À la fois témoin d'un progrès rapide et victime d'une misère persistante, le Noir a su ajouter à son ressentiment un élan nouveau, qui lui a permis de trouver un moyen d'exprimer ses revendications et d'aller jusqu'au bout. Son exemple n'est pas passé inaperçu parmi les gens de toutes races, qui vivent dans des conditions aussi désespérées que lui. Tôt ou tard, tous les déshérités, blancs et noirs, se lèveront en masse et s'uniront pour réformer l'ordre ancien, fondé depuis long-temps sur l'injustice.

Il ne s'agit pas de savoir si les syndicats s'uni-ront ou non au mouvement en faveur des droits civiques des Noirs : ils *doivent* le faire. Car si les Noirs n'ont presque aucun droit dans le Sud, la classe ouvrière n'en a guère plus ; si les Noirs n'ont pratiquement pas d'influence sur le Congrès, les ouvriers n'en ont pas plus ; et si l'automation est une menace pour les Noirs, elle l'est tout autant pour les ouvriers blancs.

Le refus du Conseil National de l'AFL-CIO de se joindre à la Marche sur Washington fut une erreur, qui ne fit que confirmer l'impression que nous avions déjà, que le syndicalisme, sur le plan local aussi bien que national, manque aujourd'hui d'énergie politique et fait preuve d'un certain ana-chronisme. Ce défaut est d'autant plus frappant que tout au long de son histoire, le monde du travail a eu partie liée avec les questions raciales. Pendant les années 1930 et 1940, où la classe ouvrière lutta pour la reconnaissance de ses « droits civiques », les Noirs se joignirent aux combats et consentirent tous les sacrifices nécessaires. Aujourd'hui, ces mêmes Noirs qui luttent pour leur propre compte sont en droit d'attendre plus de leurs anciens alliés. Rien ne pourrait freiner plus efficacement le pro-grès de la vie américaine qu'un schisme entre les Noirs et les syndicats.

Mais il faut également s'assurer une autre alliance, aussi indispensable que la première : celle du gouvernement fédéral. Celui-ci a le devoir de se ranger résolument du côté du mouvement de libération. Dans ce conflit, il y a un côté juste et un côté injuste : et le gouvernement n'a pas le droit de rester à mi-chemin entre les deux.

Sans l'aide gouvernementale, les bonnes volontés n'arriveront pas à faire appliquer les droits civiques. On oublie généralement que la charge de faire respecter une décision du tribunal – comme la décision de la Cour suprême de rendre obliga-toire l'intégration scolaire, par exemple – incombe généralement à l'individu noir, qui, pour faire res-pecter ses droits, est obligé d'intenter un procès. Et c'est ainsi que les plus pauvres citoyens améri-cains, face à des adversaires puissamment équipés, doivent financer et intenter des actions légales qui leur coûtent souvent des dizaines de milliers de dollars. Le fait d'avoir inventé ce genre de remèdes aux iniquités existantes prouve à lui seul combien notre vie nationale concède aux ségrégationnistes. Les choses ne pourront s'arranger que si le gouvernement assume lui-même toutes les procédures judiciaires, en se souvenant que les pauvres et les chômeurs ont déjà à soutenir un combat inégal pour leur seule subsistance quotidienne. Ils ne peuvent faire face à ces charges supplémentaires.

Le rôle du gouvernement fédéral dépend peut-être d'un facteur déterminant : le ton qui lui est donné par le chef de son exécutif, tant par ses paroles que par ses actes. Depuis quelques années, j'ai eu l'honneur de pouvoir m'entretenir avec trois de nos présidents et j'en suis venu à attacher de plus en plus d'importance au rôle que leur tempérament personnel joue dans leur façon d'aborder le problème des droits civiques, cause à laquelle tous trois avaient adhéré, en principe.

Il était impossible de discuter de la justice raciale avec le président Eisenhower sans éprouver des réactions diverses. Sa sincérité personnelle était hors de doute et il avait le don de la communiquer à ceux qui l'approchaient. Cependant, il ne savait pas la communiquer au public, ni préciser son extrême importance pour la vie intérieure du pays. J'ai toujours eu l'impression que son échec vint de ce qu'il était intimement convaincu que ses collaborateurs et ses conseillers techniques ne partageaient pas ses vues, et qu'il n'aimait pas se battre, même pour une cause qui lui était très chère. En outre, le président Eisenhower ne pouvait se compromettre dans quoi que ce soit qui impliquât un changement dans la structure de la société américaine. Son conservatisme était rigide et immuable et quand survenait une menace pour la nation, il préférait la démonter pièce par pièce, avec prudence, plutôt que de recourir au bistouri, instrument trop radical pour ce qui était à ses yeux la meilleure des sociétés.

Le président Kennedy était une personnalité tout en contrastes. Il y avait en fait deux John Kennedy. Le premier gouverna au cours des deux premières années de son mandat, sous la pression d'une certaine gêne, née de l'infime majorité de sa victoire. Il hésitait, cherchant quelle direction donner à son gouvernement pour garder et renforcer l'appui de son administration. Mais en 1963, un nouveau Kennedy apparut. Il avait découvert que l'opinion publique n'était pas prisonnière d'un moule rigide, et que la pensée politique américaine n'était pas définitivement marquée par le conservatisme, le radicalisme ou le libéralisme : elle était avant tout fluide, faite de tendances plus que de lignes rigides, et un gouvernement pouvait la transformer en courants constructifs.

Le président Kennedy n'était pas enclin au sentimentalisme. Mais il saisissait profondément la valeur dynamique et la nécessité d'un changement social. Ses efforts pour l'entente internationale furent d'un homme hardi et courageux. Son dernier discours sur les relations raciales est certainement l'appel à la compréhension et à la justice le plus ardent, le plus humain et le plus profond qu'aucun président ait jamais prononcé depuis les premiers temps de la République. Appliquant son autorité à un véritable programme de changements sociaux, il était en train, au moment de sa mort, de se débarrasser de ses premières hésitations pour devenir une figure exceptionnelle, osant affirmer franchement ses objectifs.

En assassinant le président Kennedy, on ne tua pas seulement un homme, on fit également périr tout un complexe d'illusions. On mit fin au mythe selon lequel la violence peut être gardée en chambre close et utilisée à petites doses. Soudain éclata au grand jour la vérité, à savoir que la haine est contagieuse, qu'elle s'aggrave et se propage comme une maladie ; qu'aucune société n'est assez saine pour être automatiquement immunisée. Si, à l'époque, une épidémie de variole avait ravagé le Sud, on aurait demandé au président Kennedy de ne pas y aller. Oui, une plaie s'était abattue sur le Sud, mais personne ne sut en discerner les dangers.

Les Noirs connaissent mieux que personne la tragédie de l'assassinat politique. Combien de fois, dans la vie des leaders noirs, le silence de la nuit n'a-t-il pas été déchiré par le sifflement d'une balle ou l'éclatement d'une bombe ? Les balles, les bombes, sont devenues, après le lynchage, les nouvelles armes politiques. Il y a à peine dix ans que M. et Mme Harry T. Moore, leaders de la NAACP en Floride, sont morts de mort violente. Le révérend George Lee fut abattu sur le seuil d'un tribunal de province. Les plastiquages se sont multipliés. 1963 fut l'année des assassinats : Medgar Evers à Jackson ; William Moore en Alabama ; six enfants noirs à Birmingham – et qui oserait prétendre que ces derniers ne furent pas, eux aussi, des assassinats politiques ?

La grande faute de notre société est de n'avoir pas appréhendé les assassins. La raison de cette indifférence est tout simplement l'identité des victimes : ce jugement est sévère, mais il est exact. Presque toutes les victimes étaient des Noirs. Et c'est ainsi que le fléau s'est étendu jusqu'à atteindre le plus éminent de tous les citoyens américains, un Président aimé et respecté de tous. Ces paroles de Jésus : « Ce que vous avez fait au plus petit de mes frères, c'est à moi que vous l'avez fait », ne sont pas seulement symboliques, elles sont prophétiques.

Nous sommes tous impliqués dans la mort de John Kennedy. Car nous avons toléré la haine et encouragé, de toutes les manières, la violence ; et enfin nous avons toléré dans l'application de la loi des distinctions arbitraires : la vie d'un homme n'était sacrée que s'il était de notre avis. Par là s'explique peut-être le torrent de chagrin qui déferla sur la nation en novembre dernier. Nous pleurions un homme dont nous étions fiers, mais nous pleurions aussi sur nous-mêmes, parce que nous avions conscience d'être très malades.

En signe de chagrin et de repentir, les Américains ont cherché un monument assez grand pour honorer la mémoire de John Kennedy. Des aéroports, des ponts, des places et des boulevards portent maintenant son nom. Pourtant, c'est au cours des quelques jours qui suivirent immédiatement sa mort que furent jetées les bases de l'hommage le plus majestueux. Louis Harris, après avoir effectué une enquête parmi les couches les plus représentatives de la nation, écrivit ces mots : « La mort du président Kennedy a apporté un profond changement dans l'esprit du peuple américain ; la masse rejette désormais tout extrémisme, qu'il soit de droite ou de gauche, et chacun, dans le secret de sa conscience, est honteux de n'avoir pas fait plus pour que règne la tolérance envers les autres. » Si la fin tragique et prématurée de John Kennedy a pu faire naître un tel renouveau dans les consciences humaines, ce fait, à lui seul, sera le plus puissant hommage qu'on puisse rendre à sa mémoire.

J'ai eu la chance de pouvoir rencontrer Lyndon B. Johnson au cours de sa vice-présidence. Il n'aspirait pas encore, à l'époque, à la présidence puisqu'il était le collaborateur d'un homme qui avait encore à remplir un mandat de quatre années et qui, on pouvait le supposer, se représenterait pour un nouveau mandat. Il nous fut donc plus facile d'aborder les questions essentielles sans être gênés par des considérations politiques. La façon dont il abordait le problème des droits civiques n'était pas identique à la mienne – et je ne m'attendais d'ailleurs pas à ce qu'elle le fût. Mais il était évident que sa nature pratique et précise n'était pas pour lui un moyen de masquer son indifférence. Son intérêt affectif et intellectuel pour ces problèmes était profondément sincère et dépourvu d'artifices. On voyait bien qu'il cherchait une solution à cette question qui, il le savait, allait très vite devenir le problème numéro un de la vie américaine. Après cet entretien, je fus renforcé dans ma conviction que les leaders noirs ne doivent pas commettre l'erreur – si tentante pourtant sous le coup de l'amertume – d'appliquer la même façon de voir à tous les Blancs du Sud. Et c'est au vice-président Lyndon Johnson que je pensais quand, quelque temps après, j'écrivis dans *The Nation* que le Sud commençait à s'ouvrir, et que ce serait avancer dans le sens du progrès que d'essayer d'accentuer la séparation entre les ségrégationnistes irréductibles et les nouveaux éléments blancs, plus attachés à leur terre qu'aux anciennes coutumes.

Aujourd'hui, l'autorité du président Johnson est passée de l'échelon régional à l'échelon national. Ses récentes déclarations, publiques et privées, indiquent qu'il a une compréhension aiguë des problèmes contemporains. Il sait que la pauvreté et le chômage sont graves et prennent des proportions catastrophiques, et il sait aussi que les premiers sacrifiés dans cet holocauste économique sont les Noirs. Il a donc fixé un double objectif : lutter contre la discrimination et contre la misère.

Je continue à penser différemment de lui quant au rythme et aux tactiques requises pour combattre la crise qui menace. Mais je sais aussi que le Président aborde la solution avec sincérité, réalisme et je dirai même avec sagesse. J'espère qu'il suivra la route droite et vraie qu'il s'est tracée. Je ferai tout ce que je peux pour l'aider en pactisant franchement quand il le faudra, et en me rangeant résolument dans l'opposition si c'est nécessaire.

V

Lors de la campagne électorale de 1960, mon entourage ne cessa de m'exhorter à déclarer mon soutien à John Kennedy. Je passai de longues et pénibles heures à chercher une réponse conforme à mes responsabilités et à ma conscience. J'étais favorablement impressionné par ses qualités, par ses états de service et par son programme. J'avais appris à subir son charme et à respecter son esprit incisif. De plus, j'étais son obligé ainsi qu'à son frère Robert Kennedy, pour leur intervention lors de mon séjour dans les geôles de Georgie en 1960.

Pourtant, j'interrogeai l'histoire, qui ne me semblait pas devoir encourager un appui total. Aucun président, sauf peut-être Lincoln, n'a jamais soutenu suffisamment notre lutte pour la liberté, pour justifier notre confiance sans réserve. Je conclus que ce que je savais de Kennedy ne me permettait pas de porter en sa faveur un jugement autorisé. Aujourd'hui encore, je suis intimement persuadé que le mouvement en faveur des droits civiques doit préserver son indépendance. Et pourtant, à supposer que le Président ait vécu, j'aurais donné mon adhésion en faveur de sa réélection.

Si j'en suis arrivé à cette conclusion, ce n'est pas seulement parce que le président Kennedy a su gagner ma confiance. Je pense que c'est surtout parce que le mouvement des droits civiques a atteint un nouveau palier, qui requiert une nouvelle politique. Notre force a changé. La croissance de son pouvoir a donné au mouvement en faveur des droits civiques une plus grande souplesse et une plus grande assurance. Il est maintenant assez fort pour rechercher des alliances, pour accorder son appui en échange de garanties, et, si ces garanties ne sont pas suffisantes, se retirer sans risquer d'être affaibli ou disloqué.

Depuis toujours les Noirs se sont tenus hors de l'arène politique. Ils ne sont d'ailleurs pas le premier groupe minoritaire américain à avoir agi ainsi, avec tant d'intransigeance. Les Allemands, les Irlandais, les Italiens et les Juifs d'Amérique ont tous passé par une période d'acclimatation, avant de s'organiser en formations politiques leur permettant d'exercer leur influence sur la vie nationale. Les Noirs, en partie par décision personnelle, en partie parce qu'on les excluait, ont toujours opéré en dehors des structures politiques, préférant œuvrer surtout comme un groupe de pression à effet limité.

Pendant quelque temps, cette attitude les a préservés de la corruption et sauvés des agissements de chefs politiques. Le fameux prototype du leader cynique, qui dirige comme il veut le vote de son troupeau ignorant, est un phénomène rare parmi les Noirs. Les quelques leaders politiques noirs qui existent ne sont pas écoutés aveuglément. Ceux qui les soutiennent le font parce qu'ils voient en eux leurs seuls porte-parole valables. Dans l'ensemble, les Noirs restent essentiellement sceptiques, soucieux d'obtenir des résultats concrets, et jaloux de leur indépendance d'esprit. Leur manque d'instruction ne les empêche pas de savoir faire un choix politique.

Or, justement, leur véritable drame est qu'ils ont rarement eu cette possibilité de choix. En règle générale, la vie politique n'a pas attiré les meilleurs éléments de la communauté noire, et les candidats blancs qui se faisaient les champions de leurs idées n'étaient guère nombreux, je dirais même extrêmement rares. Mais après avoir réussi à éviter le piège de la domination par d'insignes leaders, les Noirs se sont embourbés dans le marécage de l'inactivité politique. En voulant éviter d'être victimes d'un groupement politique, ils ont refusé tout engagement – même valable – dans une organisation ou derrière un homme politiques.

Voilà pourquoi ils se sont montrés incapables de faire appliquer un programme positif. Mais depuis quelques années, grâce à l'action directe non violente, ils ont découvert le potentiel politique qu'ils représentaient et l'ont fait sentir aux autorités. Dans tous les milieux noirs, on reconsidère aujourd'hui le rôle qui peut être joué dans la vie politique. On peut d'ores et déjà être certain du résultat de ces réflexions : il est temps que le Noir abandonne sa traditionnelle neutralité et ose rechercher des alliances. Si nous nous souvenons qu'alliance ne signifie pas dépendance, notre indépendance sera sauve. Nous pouvons, et nous devons appuyer les candidats dont les états de service justifient notre confiance. Nous le pouvons parce que nous sommes forts ; nous le devons car ceux qui travaillent à nos côtés doivent sentir que nous pouvons les aider concrètement. Inversement, il ne faut pas que ceux qui nous refusent leur soutien puissent croire que personne n'a besoin de notre aide : au contraire, ils doivent comprendre que, s'ils nous repoussent, ils perdront la bataille, tandis que leurs adversaires la gagneront avec notre appui.

Le potentiel noir dans la lutte pour le pouvoir a maintenant son importance. Les Noirs occupent une position stratégique dans les grandes villes, surtout dans le Nord, mais aussi dans le Sud, et ces villes à leur tour jouent un rôle décisif lors des élections d'État. À leur tour, ces États ont une position-clé dans la course à la présidence et déterminent souvent l'issue finale. Ce seul point donne aux Noirs un poids énorme dans la balance du pouvoir et on a déjà pu en constater les effets. Ainsi, en Caroline du Sud, ce sont les Noirs qui ont donné au président Kennedy les dix mille voix de sa majorité en 1960. Depuis lors, un demi-million de votants noirs ont été ajoutés sur les listes électorales du Sud. Aujourd'hui, le vote des Noirs peut bouleverser le résultat de certaines élections d'États et affecter l'issue des élections présidentielles.

En outre, notre mouvement a acquis les qualités propres au pouvoir politique : la constance, l'audace et la discipline. Les leaders politiques ont infiniment de respect pour toute organisation qui possède assez d'énergie et compte assez d'effectifs pour tirer les sonnettes, garnir d'hommes les coins de rues et aller en masse aux urnes. Or, grâce à leurs manifestations et à leurs campagnes d'inscription sur les listes électorales, les Noirs ont été bien entraînés à ce genre d'action. Ils possèdent également le sens de la discipline, plus peut-être que n'importe qui, car elle est pour eux une condition de survie. Imaginez quel pouvoir politique serait mis en œuvre si le million d'Américains qui participa à la Marche de 1963 mettait son énergie au service direct de la procédure électorale.

Dans certains États et dans certaines villes du Sud, une alliance de fait entre les Noirs et des électeurs blancs sympathisants a abouti à l'élection d'autorités locales d'un nouveau genre : elles ne sont pas intégrationnistes, mais elles ne sont pas non plus ségrégationnistes. Au fur et à mesure que les Noirs réussiront leurs campagnes pour l'inscription sur les listes électorales et atteindront leur véritable pouvoir électoral, ces autorités abandonneront leur politique de neutralité à tout prix et trouveront lentement le courage de soutenir sans équivoque l'intégration.

Sur le plan national, le Congrès actuel est dominé par des réactionnaires sudistes qui, parce qu'ils contrôlent les principales commissions, ont le pouvoir d'orienter la législation. L'exclusion des Noirs et le non-exercice du droit de vote par les Blancs déshérités ont permis aux éléments sudistes du Congrès d'arracher leur élection à une minorité infime qu'ils maniaient à volonté pour obtenir le renouvellement indéfini de leur mandat. Avec l'aide des réactionnaires du Nord, ces législateurs « illégitimes » ont paralysé le pays par leur immobilisme. Ce n'est qu'en augmentant le corps électoral éclairé, noir et blanc, que nous pourrons rapidement faire cesser cette mainmise centenaire d'une minorité sur le pouvoir législatif de la nation.

Certains tremblent à la perspective d'un bloc politique, et surtout d'un bloc noir, qui suscite immédiatement l'idée d'exclusivisme racial. Ce souci est pourtant sans fondement. Ce n'est pas l'exclusivité, mais l'efficacité, que recherche le vote massif. En formant un bloc, une minorité a une chance de faire entendre sa voix. La minorité noire veut s'unir dans l'action politique, pour la même raison qu'elle recherche l'alliance d'autres groupes – parce que c'est le seul moyen dont elle dispose pour obliger la majorité à l'écouter.

Il est bon de rappeler que les blocs ne sont pas le seul fait de la vie américaine et qu'ils ne sont pas forcément mauvais. C'est leur but qui détermine leur qualité morale. Au cours du passé, les ouvriers, les agriculteurs, les anciens combattants, les hommes d'affaires, et un certain nombre d'autres minorités nationales, ont voté en bloc sur certaines questions et beaucoup le font encore. Si les objectifs sont bons et si chaque vote obtient le résultat qu'il mérite, le système du bloc est un apport salutaire sur la scène politique. D'ailleurs, les Noirs votent déjà spontanément en bloc. Ils ont voté en masse pour le président Kennedy, et, avant lui, pour le président Roosevelt. Si leur conscience d'appartenir à un tout se développe, ils gagneront plus de souplesse, une plus grande liberté dans la conclusion des alliances, plus de clarté et un plus grand sens de leur responsabilité dans le choix de leurs candidats et de leurs programmes. En outre, en s'insérant plus profondément dans la vie politique, en tant que groupe, ils obtiendront plus d'indépendance. Développé avec intelligence et conscience, le pouvoir politique risque de devenir dans un prochain avenir l'instrument le plus efficace de la libération des Noirs.

Mais si les Noirs sont prêts à s'unir en une force politique solide, lucide et vigoureuse, ils peuvent aller plus loin encore que la réalisation de leurs objectifs raciaux personnels. La politique américaine a besoin, avant tout, d'un sang nouveau, porteur des germes de l'idéalisme, de l'esprit de sacrifice et du sens du service public, caractéristiques de notre mouvement. Jusqu'ici, relativement rares sont les leaders noirs doués et intègres qui ont pris une part active à la lutte politique. Des hommes tels que le juge William Hastie, Ralph Bunche, Benjamin Mays, A. Philip Randolph, pour n'en citer que quelques-uns, sont toujours restés à l'écart de la scène politique. À l'avenir, ils doivent, ainsi que beaucoup d'autres, entrer comme candidats dans la vie politique et y apporter leur sens humanitaire, leur intégrité et leurs conceptions personnelles.

Car, aussi justes que soient ses réclamations, le Noir ne cherche pas à se soustraire à ses responsabilités. Il a encore devant lui une tâche fondamentale, qui comporte des risques et des sacrifices qu'il est capable d'encourir, il l'a déjà prouvé. Il doit aussi apprendre de nouveaux métiers, il doit comprendre ses nouveaux devoirs et adopter avec courage un nouveau mode de vie. Demandez à un prisonnier, relâché après des années de prison, quels efforts il doit fournir pour s'adapter aux privilèges et aux responsabilités de la liberté, et vous aurez une idée de l'immense tâche qui attend les Noirs.

VI

On néglige souvent un certain aspect de la lutte en faveur des droits civiques, je veux parler de sa contribution à l'ensemble de la société. En gagnant ses droits, le Noir procure de substantiels bénéfices à la nation. Comparable à un chirurgien qui réopère une plaie où s'est logée l'infection, la Révolution en faveur des droits humains incise dans la vie américaine des abcès où la guérison pourra intervenir. Le mouvement en faveur des droits civiques aura même fait plus pour la nation que de déraciner l'injustice raciale. Il aura élargi le concept de fraternité pour en faire une réalité authentique dans le domaine des relations humaines. Alors, l'affirmation du chanoine John Donne : « Aucun homme n'est une île », trouvera sa véritable application sur le sol des États-Unis.

Si l'on mesure tout ce qu'implique cette Révolution en faveur des droits civiques, on en arrivera peut-être à la constatation que le domaine où il a eu le plus d'influence est le domaine de la paix mondiale. Le concept de la non-violence s'est répandu sur une grande échelle aux États-Unis, comme instrument de progrès dans le domaine des relations raciales. Or, seul un nombre réduit de ceux qui ont mis en pratique l'action directe non violente s'est converti à sa philosophie. La masse l'a utilisée de façon pragmatique, en tant qu'arme tactique, sans être prête encore à la vivre vraiment.

Pourtant, de plus en plus de gens considèrent maintenant cette éthique comme un mode de vie nécessaire dans un monde où la puissance nucléaire prend des proportions terriblement inquiétantes et donne naissance à des armes capables d'anéantir l'humanité tout entière. Les accords politiques n'offrent plus assez de sécurité contre un péril de cette envergure. Nous avons aussi besoin d'une philosophie accessible au peuple et plus forte que la simple résignation devant une mort certaine et soudaine.

Les idéalistes et les anxieux ne sont plus les seuls à se préoccuper de trouver une force capable de faire échec aux puissances destructives. Beaucoup cherchent. Tôt ou tard, les peuples du monde entier devront trouver un moyen de vivre en paix les uns avec les autres, quel que soit leur régime politique.

L'homme a d'abord vécu dans la barbarie, considérant comme une condition de vie normale de tuer son semblable. Puis il a acquis une conscience et maintenant il arrive au temps où il doit considérer la violence envers un autre être humain comme aussi horrible que le cannibalisme.

La non-violence, après avoir été la réponse au besoin des Noirs, peut devenir la réponse aux besoins désespérés de l'humanité tout entière.

TABLE

Imprimé à Barcelone par:
BLACK PRINT
en janvier 2019

Dépôt légal : octobre 2006

Imprimé en Espagne